Lisi Harrison

Beste Freundinnen halten zusammen

Roman

Aus dem amerikanischen Englisch von
Sarah Heidelberger

SCHNEIDERBUCH

2. Auflage 2021
Deutsche Erstausgabe
© 2021 Schneiderbuch in der
Verlagsgruppe HarperCollins Deutschland GmbH, Hamburg
Alle Rechte für die deutschsprachige Ausgabe vorbehalten

© 2021 by Alloy Entertainment LLC and Lisi Harrison
Originaltitel: »Girl Stuff«
Erschienen bei G. P. Putnam's Sons,
an imprint of Penguin Random House LLC, New York
Produced by Alloy Entertainment, LLC.
Published by arrangement with Rights People, London
Gesetzt aus der Palatino
von GGP Media GmbH, Pößneck
Druck und Bindung: Druckerei C.H.Beck, Nördlingen
Printed in Germany · ISBN 978-3-505-14427-1

www.schneiderbuch.de
Facebook: facebook.de/schneiderbuch
Instagram: @schneiderbuchverlag

Dieses Buch ist für euch, liebe Leserinnen
(und vielleicht auch Leser).
Weil Mädchenkram ganz schön heftig sein kann.
Seid nett zueinander und versucht, es mit Humor zu
nehmen.

Und außerdem ist dieses Buch für Luke und
Jesse Harrison.
Auch wenn sie es vermutlich nie lesen werden.
(Von Jungskram lass ich lieber die Finger.)

1. KAPITEL

Fonda Miller klebte ein Foto auf ihre Wunschcollage und lächelte. Aber es war ein schiefes Lächeln, eins, für das man zwei Emojis braucht, weil man gleichzeitig glücklich und traurig ist.

Auf dem Foto lag sie mit ihren beiden besten Freundinnen Drew Harden und Ruthie Goldman Arm in Arm im Garten vor ihrem Haus, und alle drei lachten sich schlapp. Es war vor zwei Monaten entstanden, im Juni, kurz bevor sie von ihren herzlosen Eltern auseinandergerissen worden waren.

Als sie erfahren hatten, dass sie die Sommerferien getrennt voneinander verbringen mussten, hatten sie sich aus Protest an den Füßen zusammengebunden. Während sie das ausgefranste Springseil verknoteten, hatte Fondas

Mutter Joan auf sie eingeredet und behauptet, dass die acht Wochen wie im Flug vergehen würden.

Von der Auffahrt nebenan hatte sich Drews Dad eingeschaltet. »Die Trennung wird euch guttun«, hatte er gesagt. »Ihr geht nach den Ferien doch sowieso alle auf dieselbe Schule.«

»Da hat er recht«, sagte Drews Mom. »Auch Nesties brauchen hin und wieder mal ein Päuschen.«

Drew verdrehte ihre grünbraunen Augen. Sie konnte es nicht ausstehen, wenn ihre Mutter Wörter kombinierte. »Warum kann sie nicht wie jeder normale Mensch einfach ›Besties‹ und ›Nachbarn‹ sagen?«, schnaubte sie, was Ruthie und Fonda noch mehr zum Lachen brachte.

Ruthies Eltern waren noch bei der Arbeit und brachten dort alles unter Dach und Fach, ehe sie zu ihrem Familien-Roadtrip nach Washington aufbrachen. Aber wären die Goldmans da gewesen, hätten sie garantiert so was gesagt wie: »Poplar Creek ist ja wunderschön, aber es mangelt an kreativer Vielfalt. Es ist wichtig, dass wir unser sonniges Paradies hier in Südkalifornien ab und an verlassen und unseren Horizont erweitern.« Solche Sachen sagten sie ständig. Lernen war so was wie ihr Fitnessprogramm.

Natürlich wollten die Eltern nur helfen. Trotzdem konnten ihre Worte die einsame Leere in Fondas Bauch nicht füllen. Genauso wenig wie Worte dafür sorgen konnten, dass die langen Sommertage schneller verflogen. Und Worte konnten auch nicht mit Fonda in die

Stadt radeln und Frozen Yoghurt essen. Sie waren eher so wie Blasenpflaster: gut gemeint, aber nicht wirklich hilfreich.

Und so marschierten Drew, Ruthie und Fonda mit ihren zusammengebundenen Beinen im Gleichschritt auf die Stichstraße zu, in der sie wohnten. *Leb wohl, Poplar Creek, hallo, unbekanntes Paradies, in dem Erwachsene ihren »Nesties« erlauben, den Sommer gemeinsam zu verbringen und es den ganzen Tag kostenlos Fro-Yo gibt, mit so vielen Toppings, wie man will!*

Und dann … *rumms!*

Nach wenigen Schritten gerieten sie aus dem Takt und plumpsten auf den Rasen. Und einen Tag später mussten sie trotz Widerstand getrennter Wege gehen.

Jetzt, zwei Monate später, konnte Fonda es gar nicht abwarten, ihre Freundinnen wiederzusehen. Und noch viel weniger konnte sie es abwarten, Ruthie und Drew ihre neue, superstylishe Frisur vorzuführen. Nur noch dreimal schlafen …

»Joan, können wir jetzt bitte gehen?«, fragte Fondas sechzehnjährige Schwester Winfrey. Seit Neuestem redete sie ihre Mutter mit Vornamen an. Sie lehnte am Küchentisch und ließ eine Schere an den Fingern baumeln wie ein Handtäschchen. »Ich krieg sonst gleich einen Wunsch-*Coll-er*.«

Winfrey hatte heute endlich ihre Führerscheinprüfung bestanden (aller guten Dinge sind drei!) und hielt sich seitdem für was ganz Besonderes – was sie auch irgendwie war mit ihren kaktusgrünen Augen, den karamell-braunen Strähnchen und drei Siegen in Surfwettbewerben.

»Ich *colla*-bier gleich«, stöhnte Amelia und klapperte mit den Wimpern. Sie war vierzehneinhalb und auf ihre Art genauso einschüchternd cool wie Winfrey: groß und schlank und eine leidenschaftliche Beachvolleyballspielerin, bei der sogar ein Badeanzug als vollständiges Outfit durchging. Aber ihre riesige Meute an Fans verdankte sie vor allem ihren leuchtend rotbraunen Locken und ihren auffälligen Sonnenbrillen.

Und dann war da noch Fonda. Klein, zierlich, flach wie ein Brett und insgeheim begeistert von der Aktion mit der Wunschcollage zum Thema Schulanfang. Die Papierschnipsel, Pappschachteln vom Chinesen und Klebstoffdämpfe lösten ein wohliges Kribbeln in ihrem Bauch aus. Aber vielleicht kam das Kribbeln auch nur daher, dass sich die Abwesenheit ihrer Freundinnen zum ersten Mal in diesem Sommer nicht anfühlte wie das fiese Brennen, wenn man sich den Magen verdorben hat. Zum ersten Mal musste sie ihren Schwestern nicht hinterherhecheln und fühlte sich nicht ausgeschlossen. Sie hatte auch nicht das Bedürfnis, durch Insta zu scrollen und ein Herzchen neben die #bestezeit-Fotos anderer Leute zu setzen, während sie sich eine Netflix-Serie nach der anderen reinzog. Heute Abend hingen die Miller-Mädels miteinander ab. Heute Abend nannten Winfrey und Amelia sie nicht »nervige Klette«. Heute Abend gehörte Fonda dazu.

»Jetzt mal im Ernst, Joan«, sagte Winfrey und biss in ein Wan Tan. »Was soll die ganze Aktion eigentlich bringen?«

»Wunschcollagen helfen uns dabei, uns klare Ziele zu setzen«, erwiderte ihre Mom geduldig, obwohl sie es schon mehrfach erklärt hatte.

»Und was soll das bringen?«

»Wenn man seine Ziele nicht visualisiert, also vor Augen führt, erreicht man sie auch nicht.«

Amelia begann, auf ihrem Smartphone herumzutippen. »Dafür gibt's doch garantiert eine App.«

»Wofür?«

»Zielvisualisierung.«

Ihre Mom nahm Amelia das Telefon ab und stopfte es in ihre Overalltasche. »Keine Displays heute. Wir benutzen unsere Hände, das bringt mehr.«

»Hey, Amelia, wieso klebst du nicht ein Bild von einer Wunschcollagen-App auf deine Wunschcollage?«, witzelte Fonda. »Dann bekommst du garantiert irgendwann eine.«

Niemand lachte. Stattdessen hielt Winfrey sich den Bauch und stöhnte: »Ups, Flitzekacke! Darf ich aufstehen?«

»Ich auch«, sagte Amelia und versuchte, ein Grinsen zu unterdrücken. »Ich glaube, das Mu-Shu-Hühnchen war schlecht.«

Kichernd rauschten die beiden ab und ließen zwei armselige Wunschcollagen zurück, eine mit einem zerknickten Foto von einem Tropenstrand, die andere mit einem Bild von Surfern am Lagerfeuer.

Die meisten Moms hätten darauf bestanden, dass die beiden zurück an den Tisch kamen. Aber Fondas Mom war nicht nur Professorin für Feminismuswissenschaften an der UC Irvine, sondern auch sehr für freie Meinungsäußerung. Selbst wenn es sich um Meinungen handelte, die keine Freiheit verdienten.

»Hast du auch verdorbenes Hühnchen gegessen?«, fragte sie und wollte Fonda damit die Gelegenheit geben, ebenfalls zu verschwinden.

Aber Fonda schüttelte den Kopf. Denn mal ehrlich, was sollte sie an einem Dienstagabend schon groß machen? Die Ferienjobs, mit denen sie sich den Sommer über abgelenkt hatte, waren vorbei. Was auch gut so war. Denn irgendwann hatte man so viele Babys gesittet, Hunde ausgeführt und Pommes im Schwimmbad verkauft, dass man anfing, ein bisschen merkwürdig zu werden. Aber Drew und Ruthie kamen erst am Freitag zurück, und die Schule fing erst nächste Woche wieder an. Und deswegen blieb Fonda nichts anderes übrig, als weiter ihre Wünsche zu visualisieren.

Ganz abgesehen davon, hatten ihre Schwestern sie nicht unbedingt angebettelt, sich ihrer Hühnchen-Masche anzuschließen. Vermutlich planten sie wie so oft, sich aus dem Haus und an irgendeinen Geheimstrand oder auf die Party von einem süßen Typen zu schleichen. Und wie so oft war für Fonda in ihren Plänen kein Platz.

Es war nicht so, dass sie Fonda nicht mochten. Sie konnten nur nichts mit ihr anfangen. In ihren Augen war

Fonda noch ein Baby. Es spielte keine Rolle, dass sie gerade dreizehn geworden und damit nur anderthalb Jahre jünger war als Amelia. Bis Fondas Körper sie zur Frau machte, würden ihre Schwestern weiter Sachen zu ihr sagen wie: »Ähm, hallo? Wir hätten gern ein bisschen Privatsphäre?!«, oder: »Dieses Gespräch ist nicht jugendfrei.« Sie würden sich weiter im Flüsterton unterhalten, ihre Freundinnen direkt in ihre Zimmer schleifen und Fonda die Tür vor der Nase zuknallen. Sie würden Fonda weiter belabern, ihnen ihre Haushaltspflichten abzunehmen, wenn sie ihre Tage hatten, und anschließend vergessen, sich zu bedanken. Ihre herablassende Art tat weh wie tausend frische Piercings im Herzen. Wenn Drew und Ruthie da waren, tat es viel weniger weh. Aber selbst dann verging kein Tag, an dem Fonda sich nicht sehnlichst wünschte, von ihren Schwestern akzeptiert zu werden.

Zum Glück wechselte Amelia im nächsten Schuljahr auf die Highschool. Dann würde Fonda endlich die einzige Miller an der Poplar Middle School sein. Die Jungs würden sie nicht mehr fragen, an welchem Strand ihre Schwestern am Wochenende abhingen, und die anderen Mädchen würden sie nicht mehr löchern, wo ihre Schwestern ihre Klamotten kauften. Fonda würde nur noch Fragen beantworten müssen, bei denen es tatsächlich um sie selbst ging. Endlich würde keine ältere, coolere Version von ihr durch die Gänge geistern. Und vielleicht würde sie sogar endlich die Aufmerksamkeit der Avas gewinnen, der einzigen Mädchen an der Poplar Middle, mit denen Amelia je geredet hatte. Wobei sich Fonda schon manchmal fragte, was eigentlich so besonders sein sollte an drei Mädchen, die gleich hießen und gleich aussahen. Bisher hatten die Avas Fonda nicht mal eines Blickes gewürdigt, so beschäftigt waren sie damit, zu lachen und dabei ihre seidig-glatten Haare zu werfen.

Um halb zehn hatte Fonda alles, was sie sich für die achte Klasse wünschte, an seinen Platz gepappt. Ihre Finger klebten und sie hatte sich mehrfach am Papier geschnitten, aber wenn das mit den Zielen tatsächlich funktionierte, würde sie so damit beschäftigt sein, die Herrschaft über die Achte an sich zu reißen, dass sie einfach vergessen würde, dass ihre Schwestern sie vergaßen.

Vor allem würde sie endlich eine Clique haben. Ihre *eigene* Clique. Sie würde nicht mehr ziellos von einer Gruppe zur anderen treiben, immer auf der Suche nach einem Sitzplatz beim Mittagessen. So war es nämlich in der Siebten gewesen, nachdem Maddie und Kaia, ihre beiden engsten Grundschulfreundinnen, auf eine Privatschule gewechselt hatten. Von nun an würde man Fonda einen Platz frei halten, und wenn sie nicht auftauchte, würde man sie vermissen. Kein Mensch würde mehr die Avas beneiden. Weil es Fonda, Drew und Ruthie waren, die beneidet wurden. Zum ersten Mal überhaupt würden sie auf dieselbe Schule gehen. Und den Avas zeigen, was echte Freundschaft war. Adieu, Geläster, Hackordnung und herablassende Blicke. Sie würden neue Hypes lostreten, Frieden und Freude verbreiten und sich gegenseitig Halt geben wie Wonderbras.

Fonda trat einen Schritt zurück, um die aufgeklebten Bilder zu begutachten, die sie aus verschiedenen Magazinen geschnippelt hatte. Ihr zweites Ziel lautete: zur Style-Ikone der Achten werden. Ja, sie würde mit den abgelegten Sachen ihrer Schwestern auskommen müssen – aber sie war wild entschlossen, das Beste aus ihnen rauszuholen. Mustermix ohne Gnade, das war ihr Ding. Nehmt dies, bauchfreie Tops von Winfrey und Statement-Sonnenbrillen von Amelia – die Stadt hat eine neue Influencerin!

»Und wofür steht der hier?«, fragte ihre Mom und zeigte auf den roten Kreis oben rechts in der Ecke.

»Meine … körperlichen Ziele«, sagte Fonda, während ihr Gesicht gefühlt die Farbe des Kreises annahm.

»Was stimmt denn nicht mit deinem Körper? Der ist doch perfekt, so wie er ist!«

Fonda verdrehte die Augen. »Das sagst du nur, weil du meine Mom bist.«

»Nein, das sage ich, weil es die Wahrheit ist. Du solltest deinem Körper jeden Tag dafür danken, dass er …«

»Dass er was? Faulenzt?«

»Nein! Dafür, dass er gesund ist.«

»Aber hier geht es doch nicht um *Gesundheit*, Mom.«

»… sagte die Gesunde. Von Kranken hab ich so was noch nie gehört.« Ihre Mom drehte ihre knallroten, wilden Locken zu einem Knödel zusammen und steckte ihn mit einem sauberen Essstäbchen fest.

♡

Fondas flache Brust zog sich zusammen. Ihre Mutter hatte recht, und das ärgerte sie. Na ja, vielleicht ärgerte sie sich auch einfach nur über ihre eigene Oberflächlichkeit. Aber warum sollte sie dankbar sein für etwas, das ihr das Gefühl gab, weniger wichtig zu sein als ihre Schwestern! Nie ging sie mit ihrer Mom BH-Shoppen. Nie bekam sie Akne-Behandlungen von dieser deutschen Kosmetikerin namens Katrin. Und von den selbst gebackenen Zimtkeksen gegen Menstruationsbeschwerden blieb auch nur selten was für sie übrig.

»Ach, es ist nur, weil ich dreizehn bin und noch nicht meine …« Fonda starrte zum Deckenventilator und blinzelte eine Träne weg. Heulen war was für Kleinkinder, nicht für Teenies.

Ihre Mom biss sich auf die Lippe, um ein Lächeln zu unterdrücken. »Ach, Schatz, die meisten in deinem Alter sind unsicher und tun alles dafür, dass du dich genauso schrecklich fühlst wie sie. Lass dich davon bloß nicht aus dem Konzept bringen. Bleib dir selbst treu, egal, was die anderen sagen. Dein Körper wird sich entwickeln, wenn er so weit ist. Und bis dahin solltest du dich darüber freuen, wie du jetzt bist. Dieses ›Jetzt‹ gibt es nämlich nur ein einziges Mal.«

»Wow«, brummte Fonda. »Das ist echt deprimierend.«

Ihre Mom grinste liebevoll, zerbrach einen Glückskeks und reichte Fonda den kleinen Zettel, der drinsteckte. Darauf stand: *Eine einmalige Gelegenheit wartet auf dich.*

Fonda las den Text noch mal. Und dann noch mal.

Wenn mit dieser Gelegenheit gemeint war, was Fonda hoffte, nein, was gemeint sein *musste* ... dann würde sie zusammen mit Drew und Ruthie eine angesagte Clique gründen, die Style-Trends für die achte Jahrgangsstufe bestimmen und endlich von ihren Schwestern akzeptiert werden. Wenn der Glückskeks recht hatte, stand Fonda das beste Jahr ihres Lebens bevor.

Und wenn er sich irrte?

Tja, das war einfach keine Option.

2. KAPITEL

Drew Hardens Lieblingsort im Battleflag Family Camp war die Krankenstation. Besonders während der Stunde nach dem Frühstück. Warum das so war, behielt sie allerdings lieber für sich. Aber wenn jemand nachfragte – und es gab viele Jemands –, sagte sie: »Die Krankenstation ist die einzige Hütte mit Ventilator.« Und damit gaben sich die Jemands in der Regel zufrieden.

Wieder neigte sich eine Sommersaison dem Ende zu, und Drew half Krankenschwester Cate beim Packen. Weniger aus dem Grund, den sie lieber für sich behielt, als deswegen, weil Cate diesen Sommer Drews Mentorin gewesen war. Allerdings eher nach dem Modell »coole Babysitterin«. Cate brachte Drew bei, wie man Schürfwunden, Sonnenbrand und Bienenstiche behandelte, damit sie eines Tages ihren Traum wahrmachen und selbst Krankenschwester werden konnte.

Im vergangenen Schuljahr hatte sich Drews Lehrerin beim Traumjob-Tag an der St. Catharine, der privaten Mädchenschule, auf die Drew nie wieder gehen musste, über Drews »mangelnden Ehrgeiz« beschwert. *Kranken-schwester? Weshalb nicht Ärztin?*, hatte sie unter Drews Aufsatz geschrieben und ihn mit einem B bewertet. Woraufhin Drew dachte: *Die Frau war eindeutig noch nie in der Notaufnahme.*

Drew war eine furchtlose Skateboarderin und hatte sich gefühlt schon hunderte Male verletzt. Immer waren es die Schwestern in der Notaufnahme gewesen, die dafür gesorgt hatten, dass es ihr wieder besser ging. Außerdem durften sie das Blut und die Eingeweide wegputzen, ehe die Ärzte kamen, und kaum etwas faszinierte Drew mehr als Blut und Eingeweide. Natürlich nicht so serienkiller-mäßig, sondern eher aus einer gesunden Neugierde heraus. Der Art Neugierde, die Eltern gut fanden. *Wie sieht eigentlich das Innere meines Körpers aus? Wie fühlt es sich an? Und wie kann es sein, dass sechseinhalb Meter Darm in mich reinpassen?* Natürlich gab es zu dem Thema zahllose Bücher und Videos, aber mit dem wahren Leben konnte nichts davon mithalten. Verletzungen waren eine Möglichkeit, einen Blick auf das Innere zu erhaschen. Wie bei schlampig verpackten Geburtstagsgeschenken.

Hätte Drew an den Aktivitäten im Camp teilnehmen dürfen, wäre die Krankenstation sicher weniger reizvoll

♡

gewesen. Aber Battleflag gehörte ihren Eltern, und deshalb waren Drew und ihr älterer Bruder Doug nicht hier, um abzuhängen, sondern um zu arbeiten. Sie wurden auch dafür bezahlt, es war also keine Sklaverei. Aber den ganzen Tag skaten, das war eben nicht drin. Einen Tag die Woche hatte Drew frei und konnte im See schwimmen, die Halfpipe und den Hochseilgarten benutzen und Freundschaftsbänder für Fonda und Ruthie knüpfen, die sie sogar noch mehr vermisste als Fro-Yo. Was auch daran lag, dass es streng verboten war, sich mit den Feriengästen anzufreunden.

»Die Gäste sind hier, um Zeit mit *ihren* Familien zu verbringen, nicht mit unserer«, erinnerten ihre Eltern sie gefühlt dreimal am Tag. Aber sie hatten nicht gesagt, dass Drew sich nach dem Frühstück von der Krankenstation fernzuhalten hatte. Also stöpselte sie jetzt Kabel aus, packte Zungenspatel weg und warf dabei immer wieder verstohlene Blicke zur Uhr an der Mikrowelle. Ebenfalls aus Gründen, die sie lieber für sich behielt.

»Da kommt er«, flötete Cate.

Drews Wangen brannten auf einmal. »Wer denn?«, fragte sie, auch wenn sie genau wusste, um wen es ging.

»Will Wilder. Er kommt jeden Morgen nach dem Frühstück vorbei, um sein Allergiemittel einzunehmen. Ist dir das noch nicht aufgefallen?«

»Nee, hab ich irgendwie nicht mitbekommen.«

Drew überprüfte ihr Spiegelbild in der Fensterscheibe. Ihr blonder Pferdeschwanz saß hoch und straff, ihre Stirn war pickelfrei, und ihr pfirsichfarbenes Tanktop ließ ihre gebräunte Haut noch gebräunter wirken. Und falls Will ein Problem mit abgeschnittenen Jeans und Vans mit Schachbrettmuster hatte, tja ... nicht ihr Problem. Sechs Jahre lang hatte Drew in der Privatschule Faltenrock und Blazer tragen müssen. Jetzt, wo sie auf eine öffentliche Schule wechseln durfte, konnte sie endlich selbst entscheiden, was sie anzog. Und das musste bequem sein. Falls Will also auf zimperliche Tussen in Minirock und Sandalen stand – sein Pech. Obwohl er gar nicht wissen konnte, was ihm entging. Sie hatten nämlich noch nie ein Wort miteinander geredet.

»Im Kühlschrank ist ein Plastikbeutel mit der Aufschrift *Wilder*. Kannst du ihm den geben?«, fragte Cate, wandte sich ihrem Laptop zu und begann zu tippen, obwohl er gar nicht eingeschaltet war.

»Ich?«, rief Drew etwas schriller als beabsichtigt. »Wieso?«

Cate blickte auf und flüsterte: »Weil das Camp vorbei ist. Heute ist deine letzte Chance.«

»Meine letzte Chance wofür?«

»Na, mit ihm zu reden.«

»Und wie kommst du drauf, dass ich mit ihm reden *will*?«

Cate hob ihre kräftigen Brauen. »Ähm, vielleicht, weil du jeden Vormittag hier aufkreuzt?«

»Na und?«

»Tja, vormittags brauche ich eigentlich nie Hilfe, und

21

das weißt du. Also gehe ich davon aus, dass du hier bist, weil du weißt, dass Will um diese Zeit sein Allergiemittel bekommt.«

»Ist das so?« Drew kicherte verlegen. Cate hatte sie durchschaut.

Cate klappte den Laptop zu. »Na komm, red einfach mit ihm.«

»Ich war die letzten sechs Jahre auf einer Mädchenschule. Ich hab keine Ahnung, wie das geht!«

»Na, dann solltest du dir schnell was einfallen lassen«, erwiderte Cate.

Das dumpfe Geräusch von Sneakersohlen auf Holzstufen unterbrach ihre Unterhaltung. Cate flitzte Richtung Klo, obwohl Drew ganz sicher war, dass sie gar nicht musste.

»Nein! Bleib da!«

»Bin gleich zurück!«

Die Fliegengittertür quietschte, und herein kam ein gut gelaunter Will.

Er trug ein weißes T-Shirt mit Grasflecken und olivgrüne Shorts und sah auf zerzauste Weise gut aus, wie ein Nickelodeon-Star nach einem langen Tag am Set. Sein verstrubbeltes blondes Haar schrie förmlich nach einem Friseurtermin vor Schulanfang, aber das Grinsen hinter seinen jeansblauen Augen sagte: *Mir doch egal.* Er war einer von den Jungs, denen es wichtiger war, die Iron-Man-Wettbewerbe des Camps zu gewinnen (und er gewann immer!), als ihren Look zu perfektionieren. Weshalb sein

Look immer perfekt war. Aber Drew fühlte sich wegen etwas anderem zu Will hingezogen. Etwas, das sie nicht sehen, aber spüren konnte. Er wirkte entspannt, aber nicht unbekümmert. Nett, aber nicht langweilig. Ehrgeizig, aber nicht wie jemand, der um jeden Preis gewinnen musste. Eigentlich also wie Drew, nur in der Jungs-Version.

Nicht, dass das eine Rolle gespielt hätte. Denn wenn sie Will sein Medikament in die Hand gedrückt hatte, würden sie einander vermutlich nie wieder sehen.

»Hey«, sagte er mit seiner etwas kratzigen Stimme. »Ich bin da, um mein …«

»… dein Levocetirizin abzuholen«, platzte Drew heraus. Und schon flitzte sie zum Kühlschrank, schneller, als Will *Stalkerin* sagen konnte.

»Die Krankenschwester hat ein Krown Rookie?«, fragte er und bückte sich, um das Skateboard, das neben der Tür lehnte, genauer in Augenschein zu nehmen.

Drew prustete. Als ob Cate jemals auf einem rosa Board mit lila Flammen im Camp rumfahren würde. Sie war eher der Typ für unauffällige Designs. »Das gehört mir«, sagte sie.

»Ich hab dich fahren sehen. Du bist echt gut.«

Mit dem Beutel in der Hand und einem schüchternen Lächeln im Gesicht kehrte Drew zurück. »Danke.«

»Ich wär gern mal mit dir zusammen skaten gegangen, aber …«

»Aber was?«, hakte sie nach, und es gelang ihr, dabei total gelassen zu wirken.

»Dauer-Familienzeit«, antwortete er in Anspielung auf das Battleflag-Motto *Familienzeit pur, rund um die Uhr!*

»Familie, das heißt, für den Rest deines Lebens nie wieder allein zu sein«, zitierte Drew aus der Camp-Hymne, die wiederum irgendeinen berühmten Autor namens Mitch Irgendwas zitierte.

»M-hm.« Will rieb sich den Nacken. »Dieses ganze Nicht-Alleinsein ist manchmal ganz schön anstrengend.«

»Dann stell dir mal vor, du wächst hier auf«, sagte Drew.

Will lachte ein bisschen.

Drew lachte auch ein bisschen.

Will schaute runter auf seine roten Sneakers.

Drew schaute in Richtung Toilette. Wo steckte Cate bloß?

»Coole Kette«, sagte Drew in dem verzweifelten Versuch, die Stille zu übertönen. Aber die Kette aus Elfenbeinschnecken, die sie ein bisschen an die von Maui in *Vaiana* erinnerte, war *echt* schön.

Wills Hand wanderte zu der Kette, als wolle er sich versichern, dass sie noch da war. »Die hab ich in der Familienwerkstatt gebastelt.«

»Cool.«

Und da war sie wieder, die Stille. Nur schwerer. Vollgestopft mit Verlegenheit, die entsteht, wenn man keine Ahnung hat, was man als Nächstes sagen soll. Drews Kopf dagegen hörte gar nicht mehr auf, in voller Lautstärke Anweisungen zu trompeten. *Los, sag was. Sei schlagfertig und nett. Aber nicht zu nett, sonst denkt er, du flirtest mit ihm. Und auch nicht zu schlagfertig, sonst denkt er, du willst angeben. Schnell! Wenn du jetzt nicht den Mund aufmachst, geht er wieder. Moment mal. Vielleicht ist es ja besser, wenn er geht. Ich meine, irgendwann geht er ja sowieso, da können wir es eigentlich auch gleich hinter uns bringen. Argh! Hätte ich nicht die letzten sechs Jahre auf einer privaten Mädchenschule verbracht, wüsste ich, was ich jetzt sagen soll. Fonda wüsste es bestimmt. Und ihre Schwestern auch, definitiv. Ruthie vermutlich sogar auch, und falls nicht, würde sie einfach einen von ihren »Fun Facts« vom Stapel lassen. Und deswegen würde es zumindest so wirken, als ob sie weiß, was sie sagen soll. Ich wünschte, die beiden wären hier. Ich muss mir einprägen, wie Will aussieht, damit ich ihn nachher genau beschreiben kann. O nein, wir hatten gerade Blickkontakt. Schnell, wegschauen!*

»Woher hast du die Narbe da?«, fragte Will und zeigte auf die dünne weiße Linie zwischen Drews Oberlippe und ihrem linken Nasenloch.

»Zombie.« Sie wurde rot. Die Narbe war kaum mehr zu erkennen. Wenn sie Will aufgefallen war, bedeutete das, dass er Drew nicht nur flüchtig musterte – er schaute sie *an*. So richtig.

»Fangen mit verbundenen Augen?«

Drew nickte. Normalerweise wusste kein Mensch, was Zombie überhaupt war! »Da war ich neun. Hallo, Gesicht, darf ich dir Ast vorstellen? Ast, das hier ist Gesicht.«

Will nickte, als wüsste er genau, was sie meinte. »Hast du schon mal auf dem Skateboard Zombie gespielt?«

»Nein. Du?«

»Letztes Jahr wurde unser Schulparkplatz asphaltiert. Seitdem spielen wir da am Wochenende.«

»Klingt nach einer coolen Schule.«

»Ist sie auch«, sagte Will. »Am Wochenende.«

Drew lachte ein bisschen.

Will lachte auch ein bisschen.

»Auf welche Schule gehst du?«

»Poplar Middle.«

Drew legte den Kopf schief, weil sie sicher war, dass sie sich verhört haben musste. »Sag das noch mal.«

»Poplar Middle.«

»Echt jetzt?«, sagte Drew und boxte ihm in den Oberarm. »Im Ernst?«

»Äh, ja.« Will rieb sich den Arm. »Die kennst du?«

»Da geh ich auch hin!«

»Ehrlich?« Wills Wangen liefen rot an. »In die Achte?«

»Jepp.«

»Und warum hab ich dich dann noch nie bei uns gesehen?«

»Ich war auf der St. Catharine und fange dieses Jahr neu auf der Poplar an. Sind die Lehrer sehr streng?«

»O Maaaaannnn, hör bloß aaaauuf!«, sagte Will, dann wurde er noch ein bisschen röter. »Sorry, das stammt aus so einem alten Skateboard-Film, den ich auf YouTube gefunden habe. Der ist voll albern, aber irgendwie steh ich drauf.«

»*The Skateboard Kid*?«

»Den *kennst* du?!«

Drews Mund verzog sich zu einem Lächeln, das sich viel zu breit für ihr Gesicht anfühlte. »Mein Bruder Doug und ich gucken den ständig.«

»Ach, komm.«

»Doch, echt!«

Die Fliegengittertür öffnete sich quietschend, dann schloss sie sich stotternd hinter einer durchtrainierten Frau mit braunem Haar, die einen breitkrempigen Hut, ein Battleflag-Tanktop und eine garantiert lebensgefährliche Menge Insektenschutzmittel trug.

»Da bist du ja, Will«, sagte sie und bedachte Drew mit einem höflichen Lächeln. »Hast du dein Medikament schon genommen? Dein Vater und deine Schwester warten im Auto.«

Drew reichte Will die Tüte.

»Danke«, sagte Will, allerdings eher zur Tüte als zu Drew. »Also, schätze, wir sehen uns in der Schule.«

»Nicht, wenn du Zombie spielst.«

»Hä?«

»Wegen der verbundenen Augen.«

»Stimmt.« Will fuhr sich mit der Hand durchs Haar, das danach in alle Richtungen vom Kopf abstand. »Jedenfalls solltest du auch mal mitspielen.«

»Klingt gut«, sagte Drew und verkniff sich die Frage, wann und wo genau sie sich treffen sollten, weil sie auf keinen Fall übereifrig wirken wollte.

»Will, können wir jetzt endlich?«, sagte seine Mutter.

»Also, ich sollte dann mal …«

»Klar.«

»Okay.«

»Tschüss«, sagte Drew und winkte steif. Die Art Winken, die so viel bedeutete wie: *Meine Hand sagt zwar Lebwohl, aber mein Herz ist noch lange nicht so weit.* Drew blinzelte und filmte die Situation in Gedanken mit. Dann legte sie die Erinnerung unter »Analysematerial für Ruthie und Fonda« ab. Bald schon würde sie wieder mit ihren Besties zusammen sein. Sie konnte es gar nicht abwarten, den beiden alles bis ins kleinste Detail zu erzählen. Und zwar mindestens zweimal.

3. KAPITEL

Das Weiße Haus war majestätisch. Bei Sonnenuntergang an dem großen Wasserbecken zu sitzen, in dem sich das Kapitol spiegelte, war echt überirdisch gewesen. Und die berühmten siebzehn Mahnmale hatten die Familie Goldman zu Tränen gerührt. Doch nichts, was diesen Sommer passiert war, würde auch nur ansatzweise mithalten können mit dem großen Wiedersehen, das gleich in Ruthies Schlafzimmer stattfinden sollte.

Nimm's mir nicht krumm, Washington, dachte sie, während sie ein paar verirrte Mandelsplitter, Bleistiftspäne und sechs Kreuzworträtselhefte aus ihrem Reiserucksack leerte. Ruthie mochte die Urlaube mit ihren Eltern – sie waren wie ein All-You-Can-Eat-Buffet fürs Gehirn. Aber jetzt war ihr Hirn voll bis obenhin, und sie freute sich auf zu Hause. Schließlich hieß es nicht umsonst »Trautes Heim, Glück allein«. Ein gutes Stück vom Glück hatte sie nämlich zu Hause bei Fonda und Drew lassen müssen. Und weil sie unterwegs keine Mobilgeräte benutzen durfte, hatte sie null Kontakt zu ihren Freundinnen gehabt.

Eigentlich hatte sie darauf gehofft, dass sie sich schon in der Auffahrt kreischend und hüpfend in die Arme fallen würden. Aber Fonda war mit ihren Schwestern einkaufen, und Drew war selbst erst vor einer halben Stunde aus dem Camp zurückgekehrt und packte noch aus.

Doch das spielte alles keine Rolle, weil sie in … Ruthie warf einen Blick auf ihre pinke Casio … fünf Minuten hier bei ihr sein würden! Nur noch dreihundert Sekunden bis zu ihrem traditionellen freitäglichen Sleepover – das erste Mal seit zwei Monaten würden sie wieder beieinander übernachten.

Ruthie konnte es kaum erwarten, Drews superwitzige Beschreibungen der Battleflag-Gäste und Fondas Geschichten über ihre drei Ferienjobs anzuhören. Konnte es kaum erwarten, ihren Freundinnen Chips vom Teller zu stibitzen, über ihre Rülpser zu lachen und am Ende zum beruhigenden Klang ihrer Atemgeräusche einzuschlafen. Konnte es kaum erwarten, endlich und für immer und ewig wieder mit ihren Mädels zusammen zu sein.

Jetzt lag nur noch Foxie auf dem Teppich. Ruthie nahm sie hoch und legte sie auf ihr Bett. Foxie war ihr über alles geliebtes Geheimstofftier, und nur ihre Besties und ihre Eltern wussten, dass es Foxie noch gab. Ruthie hatte sie vor fünf Jahren in der Fundgrube der Drittklässler gefunden. Wie ein Schnorchel hatte Foxies spitze Schnauze aus dem Wirrwarr aus Pullis, Turnschuhen und Brotzeitdosen hervorgeragt. Das arme Ding war ganz allein. Da blieb Ruthie natürlich nichts anderes übrig, als sie zu retten, vor allem in Anbetracht der Myriaden an Gemeinsamkeiten, die sie hatten:

1. Dunkle Augen, die vor Neugierde funkelten

2. Spitze Ohren, denen nichts entging

3. Einzelkind

4. Einsam

5. Gesegnet mit einer Vorliebe für das Wort »Myriade«

Es klingelte, gefolgt von einer vertrauten Reihe an Morsezeichen-Klopfern: einmal lang, zweimal kurz für den Buchstaben D. Dann zweimal kurz, einmal lang, einmal kurz für F. Ihr Rudel war wieder da! Sekunden später hatten sich Drew, Fonda und Ruthie zu einer Dreifachumarmung verknotet, sprangen im Zimmer herum und quietschten vor Freude. Die achtwöchige Freundschaftsfastenkur war offiziell vorbei.

»Wow, deine Haare!«, sagte Ruthie zu Fonda. Was vor dem Sommer noch zimtfarben und wild gelockt gewesen war, reichte Fonda jetzt bis übers Schlüsselbein und war glatt und glänzend.

»Ich hab mir von dem Geld, das ich beim Babysitten verdient habe, ein Glätteisen gekauft«, antwortete Fonda und strich sich über die Spitzen. »Gefällt's dir?«

»Total!«, schwärmte Ruthie. Aber wenn sie ganz ehrlich war, fehlten ihr die Locken. Sie wirkten freundlich, offen und zu jeder Schandtat bereit. Ohne sie sah Fonda älter und ernster aus. Wie jemand mit einer langen To-do-Liste, die er so schnell wie möglich abarbeiten wollte.

Danach machte sie Drew ebenfalls ein Kompliment für ihre Haare, die durch die Sommersonne ganz blond geworden waren.

»Und *du* siehst …« Drew musterte Ruthies blasses Leseratten-Gesicht.

»… genauso aus wie immer«, ergänzte Fonda den Satz.

Sie hatten recht. Ruthie war immer noch größer als Fonda und kleiner als Drew. Ihre großen, blauen Augen waren immer noch ungeschminkt. Ihr kurzer Pony und ihr kinnlanger Bob hatten sich kein bisschen verändert. (Wie irgendjemand den französischen Film *Die fabelhafte Welt der Amélie* ansehen konnte, ohne nachher Audrey Tautous Frisur zu kopieren, war Ruthie ein Rätsel.)

»Wie immer ist gut«, erwiderte Ruthie erfreut. Vorhersehbarkeit vermittelte ihr ein Gefühl der Sicherheit. Dann fügte sie hinzu: »Moment, etwas hat sich aber doch verändert!« Sie zeigte auf die Wand hinter ihrem Bett. Wie alle anderen Zimmerwände auch war sie mit Puzzles bedeckt, die Ruthie im Lauf der Jahre zusammengesetzt hatte. An dieser prangte nun ein neues Motiv. »Findet ihr es?«

Drew und Fonda sprangen auf die Matratze, um sich die Sache genauer anzusehen.

»Du hast den Sandstrand neben die schwarzen Katzen umgehängt?«, riet Drew.

»Der Strand war immer schon neben den Katzen«, sagte Fonda. »Ist der Schneesturm neu?«

»Den hat sie seit der fünften Klasse«, entgegnete Drew.

»Stimmt …« Fonda tappte sich gegen ihr Kinn.

Ruthies Unruhe wich einem freudigen Gefühl. Schließlich gab es nichts Schöneres als Gedächtnisspiele. »Gebt ihr auf?«

»NEIN!«, riefen die beiden im Chor.

Ein paar Sekunden später schrie Drew: »Das Washington Monument!«

»Richtig!«

»Gewonnen!« Drew führte ein Freudentänzchen auf. Nicht, weil sie angeben wollte, sondern weil Ehrgeiz nun mal fester Bestandteil ihrer Persönlichkeit war. Die Hardens aßen ihr Frühstücksmüsli aus Siegertrophäen – kein Witz.

»Snack-Attack!«, jubelte Fonda und warf die Kissen aus Ruthies Leseecke, um den anderen zu präsentieren, was sie mitgebracht hatte: Brownies, rote Lakritzschlangen,

Pringles und die unerlässlichen Orangen. Wie immer versteckte sie alles unter einer Decke, bis auf die Orangen, die sie auf den Schreibtisch legte für den Fall, dass Ruthies Mom reinkam. Dr. Fran Goldman war Kinderärztin und erbitterte Gegnerin industriell hergestellter Nahrungsmittel. Sie bestand darauf, dass alle Snacks in ihrer Küche und aus rein natürlichen Zutaten zubereitet wurden. In ihrer Speisekammer befand sich praktisch nichts anderes als Mandeln und Rosinen, weil die gut fürs Herz waren. Aber mal ehrlich, nur Kleinkinder und Großeltern mochten Rosinen. Bei Drew herrschten ähnlich triste Verhältnisse, weil sich ihre Eltern ständig auf der neuesten Low-Carb-Paleodiät befanden. Fondas Speisekammer dagegen war das reinste Schlaraffenland. Ihre Mom war so wild entschlossen, ihre Töchter zu unabhängigen Frauen zu erziehen, dass sie ihnen die Lebensmitteleinkäufe überließ. Die einzige Regel lautete: Wer am Ende ein Loch im Zahn hat, muss die Füllung selbst bezahlen. Weswegen Fonda nach jeder Fressorgie ihre Zahnseide auspackte, auch während ihrer Sleepover. Was natürlich schon irgendwie eklig war, Ruthie und Drew aber nicht das Geringste ausmachte.

Die nächste Stunde war ein einziger verschwommener Rausch aus Süßigkeiten und Anekdoten: Ruthie wollte alles ganz genau wissen, über jeden einzelnen Tag, den sie getrennt von ihren Freundinnen verbracht hatte, und die beiden ließen sich nicht lange bitten und schilderten ihre Erlebnisse bis ins kleinste Detail. Als Ruthie das Gefühl hatte, wirklich alles erfahren zu haben, ließ sie sich zufrieden in ein Kissen fallen.

»Noch dreimal schlafen, dann geht die Poplar Middle los«, verkündete sie. Sie freute sich wie blöd, dass sie zum ersten Mal alle drei auf dieselbe Schule gehen würden. Dieselben Abläufe, dieselben Lehrer, dieselben Freundinnen. Ihre alte Schule war gegen Cliquen gewesen. Außerdem gegen Noten, moderne Technik, Geburtstagspartys, Plastik, Zucker und Spaß. Insgesamt hatte die Forest Day nur einen einzigen Vorteil: dass sie nach der Siebten aufhörte. »Ich kann es gar nicht erwarten, alle Fächer mit euch zusammen zu haben«, sagte Ruthie. In ihrer Vorstellung waren ihre Freundinnen und sie selbst wie drei Puzzleteile, die perfekt ineinanderpassten, ohne dass man drücken musste.

Fonda warf eine leere Pringles-Dose weg und nahm sich die nächste. »Und ich freu mich total auf die Mittagspausen.«

»Und den gemeinsamen Schulweg«, fügte Drew hinzu.

»Und zusammen pinkeln gehen.«

»Und zusammen lernen.«

»Und sich auf dem Gang über den Weg laufen.«

»Und die Partys.«

»Und die Schulausflüge.«

»Und Will«, platzte Drew heraus.

»Will?«, fragte Ruthie verwirrt. »Was willst du?«

»Nein.« Drew biss in eine rote Lakritzschlange und grinste. »Will Wilder.«

»Woher kennst du denn Will?«, fragte Fonda mit dem Mund voller Chips.

»Also … es gibt da noch was, wovon ich euch bisher nichts erzählt habe«, sagte Drew. Ihre Wangen verfärbten sich rot. Dann berichtete sie so haarklein von der Begegnung auf der Krankenstation, dass Ruthie meinte, die Gummisohlen seiner roten Sneakers zu riechen, seine Muschelkette vor sich zu sehen, sein Allergiemittel zu schmecken. Je länger Drew redete, desto stärker glänzte ihre T-Zone. Offenbar aber nicht wegen Mitesser-produzierender Öle, sondern wegen akuter Überlastung ihrer Verknalltheitsdrüsen.

Eigentlich hätte Ruthie sich für Drew freuen sollen. Warum also hätte sie sich am liebsten Foxie geschnappt, an dem Plüschfleckchen an ihrem Ohr geschnüffelt, das nach Banane roch, und losgeheult? Warum versetzte die Vorstellung, Drew könnte noch mit einem weiteren Puzzlestück zusammenpassen, Ruthie in Panik? Es war ja nicht so, dass Drew gesagt hätte, sie würde jetzt nicht mehr mit Ruthie zusammenpassen. Eigentlich hatte Drew gar nichts über Ruthie gesagt, sondern nur von Will geredet.

Aber vielleicht war das ja genau das Problem. Sie waren acht Wochen lang getrennt gewesen. Warum verlor Drew kein Wort darüber, wie sehr sie Fonda und Ruthie vermisst hatte? Sie erzählte jeden Pups vom Ferienlager, erwähnte aber mit keinem Wort, dass ihre Freundinnen ihr gefehlt hatten.

»Hm … Das könnte mir helfen, meine Ziele zu erreichen.« Fondas braune Augen schimmerten golden im Abendlicht, das durchs Fenster fiel.

»Wusste ich's doch!«, sagte Ruthie. Sie war erleichtert, dass Fonda wieder mal das Ruder in die Hand nahm. »Deine neue Frisur ist Teil eines Plans.«

»Du hast Ziele, die mit Will zu tun haben?«, fragte Drew verwirrt.

»Irgendwie schon«, sagte Fonda. »Im Sinne von ›Ich *will* die Herrschaft an mich reißen.‹ Zusammen mit euch.«

Drew reichte die Lakritzschlangen an Ruthie weiter, und Ruthie gab ihr im Gegenzug einen Brownie.

»Die Herrschaft worüber?«, wollte Ruthie wissen.

»Die Achte.«

Ruthie und Drew wechselten einen raschen Blick. Sie wussten, dass Fonda ihre älteren Schwestern beneidete. Zum Beispiel darum, dass sie nie googeln mussten, was sie anziehen oder sagen oder tun sollten. Sie wussten es einfach. Und sie zweifelten auch nie an ihren Entscheidungen oder stellten ihre Outfits infrage. Wenn sie sich mit jemandem unterhalten hatten, fragten sie sich nachher nie, ob sie total peinlichen Schwachsinn geredet hatten. Ruthie und Drew wussten auch, dass Fonda es satthatte, im parfümierten Schatten ihrer großen Schwestern zu leben. Dass sie selbst ins Rampenlicht wollte. Aber *Herrschaft?* So was strebten doch nur Bösewichte aus Zeichentrickfilmen an.

»Und wie willst du das anstellen?«, fragte Drew.

»Nicht ich«, erwiderte Fonda. »Wir!«

Ruthie knabberte an ihrem Daumen herum. Ihre Ziele für die Poplar Middle waren etwas einfacher gestrickt. Sie wollte:

1. ... Spaß mit ihren besten Freundinnen haben,

2. ... ihren Leistungsdurchschnitt von hundert Prozent halten,

3. ... überleben.

»Findest du nicht, dass die Herrschaft über die Achte etwas hochgesteckt ist für uns Neulinge?« Ruthie sah Drew an. »Vielleicht sollten wir uns ein realistischeres Ziel setzen, so was wie ›Bis Halloween will ich den Weg zum Klo finden, ohne mich zu verirren ...‹«

Fonda legte die Pringles-Dose beiseite. »Dafür haben wir keine Zeit. Die Avas posten jetzt schon ständig, dass sie im Oktober eine Party mit Jungs schmeißen wollen. Aber mit Will könnten wir vielleicht selbst eine Jungs-Mädchen-Party schmeißen.«

»Was hast du eigentlich immer mit den Avas?«, fragte Ruthie, der es ein Rätsel war, warum drei Mädchen mit demselben Namen Fonda so wichtig waren, dass sie mindestens einmal pro Woche über sie redete. Dabei erzählte Fonda aber nie von irgendwelchen witzigen Sachen, die die Avas gesagt hatten, oder was für spektakuläre Hobbys sie hatten oder was für großartige Beiträge sie zur Menschheit leisteten. Es ging immer nur darum, für wie toll sie sich hielten und dass sich beim Mittagessen nie jemand zu ihnen an den Tisch setzen durfte. »Du redest schon seit Jahren ständig über die. Ich kapier nicht, weshalb.«

»Ich rede über sie, weil *alle* ständig über sie reden. Dabei haben sie die ganze Aufmerksamkeit gar nicht verdient. Wir dagegen schon.« Fonda strich sich über ihr geglättetes Haar. »Jetzt, wo wir endlich zusammen sind, können wir unser eigenes Ding starten. Wir werden den Avas zeigen, wie man sich *richtig* amüsiert.«

»Ich hab eine Idee!«, sagte Drew. Sie schnappte sich ihre Battleflag-Waschtasche und zog einen Frischhaltebeutel heraus. Darin waren drei rosa-graue Perlenarmbänder mit den Buchstaben FDR in der Mitte.

»Wie Franklin D. Roosevelt, der beste Präsident, den die USA je hatten«, schwärmte Ruthie.

»Oder unsere Initialen, du Nerd«, frotzelte Drew. »Das sind Freundschaftsarmbänder.« Ruthie und Fonda streckten ihre Arme aus, damit Drew ihre neuesten Kreationen an ihren Handgelenken befestigen konnte. Jetzt hatten sie insgesamt acht identische Armbänder.

»Das ist schon mal ein guter Anfang«, sagte Fonda. »Aber wir brauchen noch was anderes.«

»Halsketten?«, schlug Ruthie vor.

»Nein, eine Strategie. Und ich habe auch schon eine. Sie nennt sich SUPER.«

»Super wie ›Will findet Zombie genauso super wie ich?‹«, fragte Drew.

Ruthie lachte höflich. Normalerweise hätte Fonda auch gelacht, aber ihre neue Frisur schien keinen Humor zu haben.

»Jeder Buchstabe steht für einen Teil meiner Strategie«, erklärte sie. »Also, S steht für Style. Dazu später mehr. U steht für unzertrennlich. Wir bleiben zusammen, immer.« Ruthie quiekte glücklich. Sie wollte auf keinen Fall mehr von ihren Freundinnen getrennt sein.

»P steht für Pause«, fuhr Fonda fort. »Wenn wir in der Mittagspause jeden Tag auf denselben Plätzen am selben Tisch sitzen, betrachten uns die Leute irgendwann als feste Clique.«

Drew und Ruthie nickten.

»E steht für extrem, weil alles, was wir machen, extrem cool sein muss. Und R steht für richtig, richtig nett. Denn je netter wir sind, desto mehr Leute wollen mit uns abhängen. Und das Ziel ist, dass *alle* mit uns abhängen wollen. Also: Blickkontakt halten und immer schön lächeln.«

Drew und Ruthie nickten wieder.

»Und was die Sache mit dem Style betrifft ...« Ihr Blick zuckte rasch über Ruthies kurzen Onesie mit Ananas-Muster und Drews karierte Schlafanzughose, in der sie hin und wieder sogar ins Kino ging. »Ich würde vorschlagen, wir legen jeden Abend eine Farbe des Tages fest, die wir dann alle tragen müssen. Ich will diese Saison auf Mustermix setzen, deswegen dachte ich eher an eine zentrale Farbe als an einen Uni-Look. Aber ich bin offen für eure Vorschläge.«

Drews Hand schoss nach oben. »Dürfen auch Jungs unsere Farbe des Tages tragen oder ist das ein reines Mädchen-Ding?«

»Na, da ist aber jemand richtig ausgehungert«, zog Fonda sie auf.

»Total!«, bestätigte Drew. »Das wärst du auch, wenn du die vergangenen sechs Jahre auf einer Mädchenschule verbracht hättest.«

»Wonach genau bist du ausgehungert?«, bohrte Ruthie. Sie war noch nicht bereit für Knutschen und Schwärmereien. Und sie war noch nicht bereit dafür, dass Drew dafür bereit war.

»Ach, nichts.« Drew wickelte sich das Ende ihres Pferdeschwanzes um den Finger. »Nur nach jemandem, mit dem ich skaten kann.« Ihre Wangen verfärbten sich rot. »Können wir jetzt bitte das Thema wechseln?«

Den restlichen Abend erzählten sie sich Geschichten aus dem Sommer und diskutierten darüber, welche Farbe sie am ersten Schultag tragen sollten. Fonda war für Rot, weil es für Stärke stand. Drew wollte Lila, weil es zu den Flammen auf ihrem Skateboard passte. Und Ruthie wollte Karomuster, weil darin alle Farben vorkommen konnten.

In einem Punkt aber waren sie sich einig: In der achten Klasse galten ganz neue Regeln. Für ein Spiel, das Fonda unbedingt gewinnen wollte.

4. KAPITEL

Der erste Schultag war ein Tag wie aus dem Bilderbuch. Sonnenlicht flutete die Sackgasse und ließ die Blumen leuchten wie Kronjuwelen. Die Farben waren so strahlend, dass daneben selbst Instagram-Filter und Waschmittelwerbungen blass aussahen. Ansonsten war das Thema Farben allerdings ein ziemlicher Reinfall, wie Fonda enttäuscht feststellte.

»Wir haben uns gestern Abend doch auf eine Farbe des Tages geeinigt«, sagte sie auf ihrem ersten gemeinsamen Weg mit Ruthie und Drew zur Poplar Middle. »Und diese Farbe des Tages war Rot.« Fonda hörte selbst, wie gefrustet sie klang. Aber echt jetzt: Rot stand für Leidenschaft und Feuer! Es verwandelte selbst die schmalsten Lippen in einen Kussmund und hielt – wortwörtlich – den gesamten Verkehr auf! Warum wehrten sich die beiden so dagegen?

»Genau deshalb trage ich ja auch das hier.« Drew deutete auf das diamantförmige Logo auf ihrem grünen T-Shirt.

Ja, es war rot.

Und ungefähr so groß wie eine Erbse.

Fonda verstand ja, dass Drew bequeme Klamotten bevorzugte, nachdem sie jahrelang eine Schuluniform tragen musste. Aber Grün? Bei Grün gingen die Leute einfach weiter. Und Ruthies kurzer Jumpsuit war kein Stück besser.

»Die Kirschen sind rot«, verteidigte sich Ruthie.

Fonda hätte schreien können, aber sie riss sich zusammen. Sie hatten noch zehn Monate Zeit, um die Sache mit der Farbe des Tages zum Laufen zu bringen.

Eine Horde von Schülern hatte sich an der Ampel vor der Schule versammelt und wartete auf Grün. Normalerweise wäre Fonda jetzt langsamer gelaufen, um sich nicht dazustellen zu müssen. Heute aber lief sie sogar schneller. Sie wollte, dass möglichst viele Leute es mitbekamen, wenn sie Drew und Ruthie von ihrem revolutionären neuen Accessoire erzählte – das mit Sicherheit für Gekicher und Getuschel sorgen würde. Und nichts sagte deutlicher *Wir sind die Fun-Clique* als drei Mädchen mit den gleichen Freundschaftsarmbändern, die morgens um Viertel nach acht die Köpfe zusammensteckten und kichernd und tuschelnd an einer Ampel standen.

»Schaut mal«, sagte Fonda und holte ein weißes Leinentäschchen mit roten Punkten aus ihrem Rucksack. Sie redete lauter aus nötig, obwohl Drew, Ruthie und sie praktisch Schulter an Schulter standen. Aber wenn Fonda bei dem Verkehrslärm und Handygebimmel um sie herum auffallen wollte, musste sie die Lautstärke hochfahren.

»Süßes Federmäppchen!«, schwärmte Drew.

»Das ist kein Federmäppchen«, erwiderte Fonda und beugte sich vor. »Das ist ein Tagetäschchen.«

Ruthies Kopf zuckte zurück. »Was ist denn ein Taget …«

Fonda hielt ihr den Mund zu. »Pssst!«, machte sie und lachte übertrieben. Dabei warf sie ihrem Publikum einen unauffälligen Seitenblick zu. Jackpot: Die Leute um sie herum glotzten ebenso unauffällig zurück. Mission geglückt!

Leise erklärte Fonda, das Tagetäschchen enthalte alles, was man brauchte, wenn man seine Tage bekam. So würde man nie Gefahr laufen, im falschen Moment überrascht zu werden. Dass diese Idee von ihren Schwestern stammte, ließ sie geflissentlich unter den Tisch fallen.

Drew schnappte nach Luft. »Moment mal! Wann hast du denn deine … deine Dings bekommen? Und warum hast du uns nichts gesagt?«

»Ich hab sie ja noch gar nicht. Aber wenn, dann bin ich vorbereitet.«

»Und warum brauchen deine Tage eine eigene Tasche?«, löcherte Drew sie weiter.

44

»Weil sie schrecklich etepetete sind«, sagte Ruthie mit näselnder Stimme.

Sie kicherten, und alle drehten sich zu ihnen um. Besser hätte die Sache nicht laufen können.

Eine gut gelaunte Frau in orangefarbener Warnweste trat auf die Straße und winkte die Schüler auf die andere Seite. Fondas Publikum löste sich auf, aber sie hatte ihr Ziel ja längst erreicht. Nächstes Mal, wenn irgendjemand, der gerade dabei gewesen war, Fonda und ihre Besties sah, würde er denken: *Oh, das sind die Mädchen von der Ampel. Die mit den Freundschaftsarmbändern, die schon am ersten Tag lauter Geheimnisse hatten.*

»Ich kapier immer noch nicht, wozu du das Ding brauchst«, sagte Ruthie, als sie sich dem wuseligen Schulgelände näherten.

»Na ja, wir könnten jederzeit unsere Tage bekommen. Und wenn es so weit ist, brauchen wir Binden und frische Unterwäsche, ätherische Öle gegen die Krämpfe und natürlich Reese's Pieces.«

»Was haben Erdnussbutterbonbons mit meiner noch nicht vorhandenen Regel zu tun?«, fragte Ruthie ratlos.

»Sie sind lecker.«

»Überzeugt. Ich brauche auch so ein Tagetäschchen.« Fonda strahlte. »Schon in Arbeit.«

»Hashtag #ichauch«, sagte Drew.

»Hashtag #nichtjetzt«, murmelte Fonda, als sie die große Rasenfläche vor dem Haupteingang der Poplar Middle betraten. »Showtime!« Und damit straffte sie die

Schultern, hob das Kinn und stolzierte wie ein Victoria's-Secret-Model ins Gewimmel. Klar, ihr rot gestreiftes Trägerkleid und die hohen Sneaker mit Leomuster waren ein Volltreffer. Aber ihr Style war nicht der Grund für ihren plötzlichen Schub an Selbstvertrauen. Auch nicht ihre Freundinnen. Es ging um Hoffnung. Die Hoffnung auf einen Neuanfang, auf eine zweite Chance.

Lässig streifte sich Fonda einen Rucksackträger von der Schulter (weil nämlich nur Grundschulkinder beide benutzen) und hakte sich bei Ruthie und Drew unter. Das Farb-Desaster war vergessen. Sie waren wieder auf dem richtigen Weg.

»Wow.« Ruthie blieb stehen und sah sich verwundert um. »Das ist echt wie im Film.« Sie schirmte die Augen vor der Sonne ab und bestaunte die SUVs, die sich am Eingang vorbeischoben, um Schüler abzusetzen, die Freunde, die sich lärmend in die Arme fielen, die Introvertierten, die über ihren Smartphones hingen, und mittendrin der Fahnenmast, an dem die amerikanische Flagge wehte. »Das ist echt was anderes als auf der Privatschule.« Sie zog Fonda und Drew zu sich heran. »Ganz schön ... heftig.«

»Aber nicht schlimm«, erwiderte Fonda zu ihrer eigenen Überraschung. Früher hatte sie in den beiden Glasflügeln, die vom Haupteingang der Poplar Middle abgingen, die offenen Klingen eines Schweizer Taschenmessers gesehen: kalt und stählern. Doch jetzt kamen sie ihr eher vor wie ausgestreckte Arme, die sie inmitten der Schülermeute willkommen hießen. Eine Meute, zu der nun nicht mehr Winfrey und Amelia gehörten – sondern stattdessen ihre beiden besten Freundinnen. Eine Meute, aus der Fonda sich ihre eigene, perfekte Clique zusammenstellen würde.

Drew schüttelte den Kopf. »Ich kann nicht fassen, dass ich in Shorts in die Schule darf.«

Fonda strahlte, als sei die Kleiderordnung an der Poplar Middle allein ihre Idee gewesen. »Leute, das wird genial hier!«

»Nie wieder Röcke!« Drew ließ ihren Rucksack ins Gras fallen und schlug ein Rad, vor allen Leuten. »Ich bin frei. FREI!!!!«

Fonda wurde rot. Sie wollte ja Aufmerksamkeit – aber ... *diese* Art Aufmerksamkeit? *Ja,* stellte sie fest, als sie sich umsah und bemerkte, dass einige Schüler zu ihnen rüberschauten, *sogar genau diese Art Aufmerksamkeit.* Selbst die drei Avas warfen Drew im Vorbeigehen einen kurzen Blick zu. Fonda lächelte. Drew war einfach sie selbst, wie immer. Und auf einmal fand Fonda das ziemlich cool.

»Das war extrem cool«, sagte Ruthie auch gleich, als Drew ihren Rucksack wieder aufsetzte.

»Stimmt.« Fonda lächelte. »Genau so hab ich mir das E in SUPER vorgestellt.«

»Mir wäre das ER in UNTERRICHT lieber«, erwiderte Drew. Ihre Wangen waren gerötet und ihr Zopf verrutscht.

Ruthie und Fonda musterten sie verwirrt.

»Wegen Will«, sagte Drew. »Ich möchte endlich wissen, ob er in einem meiner Kurse sitzt.«

»Kommt.« Fonda tat so, als hätten Drews Worte sie nicht das kleinste bisschen gekränkt. Will durfte gern ein Teil ihrer perfekten Clique werden. Aber nicht heute. Heute ging es nur um Fonda, Drew und Ruthie. »Sehen wir nach«, sagte sie trotzdem.

Stolz führte Fonda die Mädchen durch den überfüllten Glasgang in die Turnhalle. »Das Dach lässt sich einfahren. Wenn das Wetter schön ist, bleibt es offen.«

»Also … immer?« Ruthie starrte hoch in die Palmen, die wie Wachtposten über den Schülern der Poplar Middle aufragten.

»Ja, so ziemlich.«

Fondas Stimme klang selbstbewusst, und so wirkte auch ihr Gang, als sie ihre Freundinnen herumführte. Sie zeigte ihnen, wo sich die Toiletten befanden und welcher Verkaufsautomat zu viel Wechselgeld herausgab.

Als die Mädchen in der Turnhalle angekommen waren, teilten sie sich auf, um ihre Stundenpläne abzuholen. Jede ging zu dem Tisch mit dem Buchstaben, mit dem ihr jeweiliger Nachname anfing. Während Fonda zwischen den anderen Ms wartete, begrüßte sie alle bekannten Gesichter mit einem freundlichen Lächeln und einem Winken. Jedes Mal, wenn jemand zurückwinkte, durchrieselte sie ein kleiner Freudenschauer. Besser konnte es nun wirklich nicht laufen!

»Yes!«, sagte sie zu Drew, als sie kurze Zeit später auf der Tribüne zusammensaßen. »Wir haben vier von sechs Fächern zusammen! Alle bis auf Sport und Mathe.« Aber wo blieb Ruthie? Sie scannte die Menge.

Endlich tauchte Ruthie auf und wedelte mit ihrem Stundenplan. »Ich kapier das Ding nicht. Woher soll ich wissen, wo ich hinmuss?«

»Die Raumnummer steht auf dem Stundenplan«, erklärte Fonda. »Direkt neben dem Fach.«

»Bei mir nicht.«

»Lass mal sehen.« Fonda schnappte sich Ruthies Stundenplan. Als sie die Kästchen durchsah, wich das freudige Bitzeln in ihrem Bauch einem schmerzhaften Stechen. »Oh, nein ...«

Ruthie setzte sich auf. »Was ist?«

»Das ist nicht gut. Ganz und gar nicht gut ...«

Ruthie sprang auf. »Was?«

»Gibt's Ärger?«, fragte Drew.

»Schlimmer.«

»WAS?!«, riefen Drew und Ruthie jetzt im Chor.

»Du bist in der TSF.«

»Und was heißt das?«

»Talent-Sonderförderung. Das ist, als würdest du auf eine andere Schule gehen. Du hast alle Fächer komplett getrennt von uns.«

Ruthies Lippen erstarrten zu einem kleinen o. In ihren blauen Augen glitzerten Tränen. »Aber ... aber wir wollten doch alles *zusammen* machen!«

»Ich weiß.« Fondas gerade noch so selbstbewusste Stimme war kaum noch hörbar. Ihr Traum von der Achten war dahin. Sie würden nicht unzertrennlich sein, keine Witze über gemeinsame Lehrer reißen und auch nicht auf dieselben Partys eingeladen werden.

»Kann man daran noch was ändern?«, fragte Drew.

»Vielleicht«, sagte Fonda, auch wenn sie sich ziemlich sicher war, dass die Stundenpläne nicht verhandelbar waren. »Und wir haben ja immerhin zusammen Mittagspause.«

»Und den Schulweg«, fügte Drew hinzu.

Ruthie schniefte. »Können wir zumindest zusammen aufs Klo?«

Fonda blickte betreten auf ihre Leo-Sneakers. »Ich schätze, ihr habt eure eigenen Klos.«

Es läutete zum ersten Mal. Nur noch fünf Minuten, dann mussten sie in ihren Klassenzimmern sein. Alle strömten zu den Türen, bis auf Fonda, Drew und Ruthie. Fonda strich beruhigend über Ruthies gekrümmten Rücken und grübelte währenddessen, ob ihre Wunschcollage wohl eine Brille brauchte. Was hier passierte, war das genaue Gegenteil von dem, was Fonda visualisiert hatte. Nicht, dass sich daran jetzt noch etwas ändern ließe. Die Sache war gelaufen.

»Wir sollten los«, seufzte Fonda. »Ich will jedenfalls nicht gleich am ersten Tag zu spät kommen.«

»Wir sehen uns nach der Schule.« Drew zog einen Flunsch, als sich ihre Wege im Flur trennten.

»Tschüss«, krächzte Ruthie, als sei ihr Hals zu trocken zum Sprechen. Dann winkte sie matt und schlurfte in die entgegengesetzte Richtung davon.

»Das war's wohl mit dem U in SUPER«, sagte Fonda. Wenn überhaupt, waren die Neuigkeiten das U in UN-COOL.

5. KAPITEL

Die TSF-Gruppe war klein: vier Jungs, fünf Mädchen und eine Lehrerin, die ein unförmiges orangefarbenes Kleid, graue Ballerinas und einen bizarren schwarzen Bob trug, den sie sich ständig hinter die Ohren schob. Das Klassenzimmer sah völlig anders aus als alles, was Ruthie bisher erlebt hatte. Die Tische waren rund, statt Stühlen gab es Sitzbälle, und eine Glastür führte hinaus in einen kleinen Garten.

»Willkommen!«, sagte die Lehrerin. Auf dem Whiteboard hinter ihr stand ihr Name: Rhea Alden. »Ich hoffe, ihr hattet einen anregenden Sommer! Kommt rein, setzt euch!«

Ruthie versuchte, sich zu setzen, aber der riesige Ball wehrte sich, und sie musste sich an der Tischkante festhalten, um nicht umzukippen.

»Es wird leichter, wenn du die Tiefenmuskulatur anspannst«, flüsterte der dürre Junge rechts von ihr. Auf seinem Ordner stand der Name *Everest Bolden*.

»Guten Morgen, Titanen!«, fuhr Rhea mit ihrer Begrüßung fort.

Titanen? Hatte ihre Lehrerin die Klasse gerade ernsthaft als Titanen bezeichnet?

Noch nie in ihrem Leben hatte Ruthie sich so unausgeglichen gefühlt, und das lag nicht an dem Sitzball. Wie sollte sie in diesem Alternativuniversum überleben? An einem Ort, an dem die Schüler als Titanen bezeichnet wurden und man seine gesamte Tiefenmuskulatur benötigte, um einfach nur stillsitzen zu können?

»Wir dürfen heute einen neuen brillanten Kopf in unserer Gruppe begrüßen. Herzlich willkommen, Ruthie! Wir werden sicher viel Spaß beim gemeinsamen Lernen haben. Wie Gregor Mendel gesagt hätte: Das wird gen-ial!«

Die Klasse kicherte, und Ruthie musste lächeln. Gregor Mendel war der Urvater der Genetik. Ruthie liebte solche schrägen Wissenschaftswitze, die normalerweise kein Mensch um sie herum kapierte.

»Titanen nach den Göttern aus der griechischen Mythologie. Denn genauso wie die Titanen seid ihr stark und einflussreich …«

Während Rhea weiterredete, löste Ruthie vorsichtig die Hände von der Tischkante und versuchte, dabei nicht das Gleichgewicht zu verlieren. Doch sofort kippte sie nach links weg. Hastig klammerte sie sich wieder fest und warf dabei einen Blick auf die Uhr über den Bücherregalen. Noch drei Stunden bis zur Mittagspause mit Drew und Fonda.

»Alle Welt denkt, TSF würde für Talent-Sonderförderung stehen«, fuhr Rhea fort. »Aber in Wahrheit bedeutet es natürlich *Titanen sind* ...«

Acht Hände flogen in die Luft, nur Ruthies blieben unten, weil sie sich weiter an der Tischkante festkrallen musste.

»Am Anfang jedes Schultags lassen wir uns ein neues Wort für das F am Ende von TSF einfallen«, erklärte Rhea. Dann deutete sie auf ein rothaariges Mädchen im Denim-Jumpsuit, das neben Everest saß. »Ja, Alberta?«

»Titanen sind fabelhaft«, sagte Alberta.

»Und zwar wortwörtlich«, erwiderte Rhea erfreut. »Titanen sind tatsächlich Fabelwesen. Riesen, die über den Himmel herrschten. Und nicht weniger als das erwarte ich dieses Jahr von euch. Ich möchte, dass ihr den Himmel erob ...«

Ruthie hob die Hand, verlor das Gleichgewicht und purzelte auf den Boden.

In Rheas Blick flammte Mitgefühl auf. »Es dauert ein wenig, bis man sich daran gewöhnt hat, aber dann wirst du staunen, wie beweglich sich dein Geist anfühlt! Wolltest du etwas sagen, Ruthie?«

Ruthies Herz begann, eine Nachricht in Morsezeichen zu hämmern: *Halt den Mund! Halt den Mund!* »Nein, nein, mir geht's gut. Es war nur ein Fun Fact, nichts Wichtiges.«

»Erzähl!« Rhea lächelte. »Wir lieben Fun Facts, was, Titanen?«

Niemand nickte.

»Siehst du?«, sagte Rhea, obwohl es nichts zu sehen gab. »Also, schieß los!«

»Ich wollte sagen, dass die Titanen nach dem zehnjährigen Krieg von den Olympiern besiegt und dann für alle Ewigkeit in die Unterwelt verbannt wurden. Also stimmt es zwar, dass sie Herrscher über den Himmel waren, aber nicht sonderlich lange.«

Rhea schob sich die Haare hinter die Ohren. »Stimmt, aber leider können wir uns ja schlecht Olympier nennen.«

»Wieso nicht?«

»Weil es kein O in TSF gibt.«

Die Schüler lachten.

»Und was, wenn wir uns Troubadoure nennen? Oder Tiger? Oder … hey, Torpedos wäre doch toll!«

Ein Mädchen musste kichern, sah dann aber rasch auf den Boden. Ein Vorhang aus glattem, rosafarbenem Haar verbarg ihr Gesicht. Seitlich lugte ein dickes, schwarzes Brillengestell heraus. Kicherte sie *über* oder *wegen* Ruthie?

»Danke für die Anregung, Ruthie. Dein Einsatz ist wirklich vorbildlich«, sagte Rhea. »Aber ich habe gerade erst ein paar T-Shirts mit Titanen-Print für die Gruppe bestellt. Also konzentrieren wir uns einfach auf ihre guten Jahre, okay?«

»Okay«, antwortete Ruthie, auch wenn es das nicht war. Fehldarstellungen der griechischen Mythologie waren überhaupt nicht in Ordnung.

»Also, wo wir das geklärt haben – wer meldet sich freiwillig, um Ruthie herumzuführen?«

Das Mädchen mit dem rosa Haar hob die Hand.

»Wunderbar, danke dir, Sage. Alle übrigen Titanen nehmen sich bitte ihre Körbe und folgen mir in den Garten.«

»Ganz schön heftige TE hier, was?«, sagte Sage, als die anderen draußen waren.

»Was heißt TE?«

»Titanen-Energie. Komm, ich führ dich rum.«

Draußen vor den riesigen Fenstern setzte sich der Rest der Klasse im Kreis unter einen Fächerahorn.

Sage fing mit dem Schrank hinten im Klassenzimmer an, der in sechs Regale mit Klappen unterteilt war. »Jedes enthält das Material, das wir für eines unserer Kernfächer brauchen«, sagte Sage stolz. »Na los, schau es dir ruhig genauer an.«

Ruthie hob eine Klappe an. Dahinter standen die Bücher, die sie im Englischunterricht lesen würden. Hinter der nächsten entdeckte sie ein kompliziertes Geometrie-Set. Im dritten befanden sich ein Mikroskop, Schutzbrillen, Werkzeuge, ein Laptop und ein brandneues iPhone. Hastig klappte Ruthie das Fach wieder zu.

»Was ist los?«, fragte Sage.

»Ich darf keine technischen Geräte benutzen. Meine Mom hat Angst …«

»… dass du verblödest?«

»Nein.«

»Deine Augen?«

»Nein.«

»Cyber-Pädos?«

»Nein. Radiowellen.«

»Keine Sorge.« Sage winkte ab. »Wir benutzen die Geräte gar nicht. Wir nehmen sie auseinander und schauen uns an, wie sie funktionieren.«

In Ruthies Bauch explodierte eine Konfetti-Bombe. Obwohl sie Fonda und Ruthie vermisste, war es praktisch unmöglich, das TSF-Programm zu hassen. Das Klassenzimmer war riesig und modern, der dazugehörige Garten eine ruhige Zen-Oase. Sogar eine supermoderne Küche gab es, für Ernährungswissenschaften.

»Warum haben die anderen hier an der Schule so was nicht?«, fragte Ruthie und musste dabei an Drew und Fonda denken.

Sage spähte sie über ihren Brillenrand hinweg an. »Im Ernst?«

Ruthie nickte.

»In deren Welt bedeutet LG *Liebe Grüße,* in unserer *Lernen gewinnt.*«

Ruthie runzelte die Stirn. Das klang ganz schön überheblich! »Aber …«

»Klar ist die TSF anders als die anderen Klassen. Klar haben wir Titanen bessere Lernmöglichkeiten. Aber geschenkt bekommen wir hier nichts. Wir organisieren vier Spendenaktionen im Jahr, um das nötige Geld für unsere Ausrüstung zusammenzukriegen. Wir arbeiten für unsere Privilegien. Wirst du schon noch sehen.«

»Beeindruckend«, murmelte Ruthie, die noch nicht vollständig überzeugt war. Dann wechselte sie das Thema. »Wann ist eigentlich Mittagspause?«

»Kommt drauf an.«

»Worauf?«

»Wenn ein Gastredner kommt, was fast immer der Fall ist, haben wir MU und essen draußen unter der Pergola.«

Ruthie verdrehte die Augen. Sie war es jetzt schon leid, ständig nachfragen zu müssen, was die ganzen Abkürzungen bedeuteten.

»Mittagsunterricht«, erklärte Sage unaufgefordert.

Ruthie sehnte sich nach dem tröstlichen Bananengeruch von Foxies Ohr. »Und warum essen wir nicht zusammen mit allen anderen?«

»Fürchte dich nicht, junge Titanin.« Sage legte den Arm um Ruthies Schulter und drückte sie. »Jetzt hast du doch uns.«

Und auf einmal fühlte sich Ruthie wirklich wie eine Titanin: verbannt in die Unterwelt und auf ewig verdammt.

6. KAPITEL

Drew warf ihre Lunchbox auf einen Vierertisch. »Und was ist mit dem hier?«, fragte sie Fonda. »Will kann auf dem vierten Platz sitzen, bestimmt schaut er zum Nachtisch mal vorbei.«

Anders als auf der St. Catharine, wo die Schüler in einem überfüllten, nach Hotdogs miefenden Speisesaal aßen, nahm man sein Mittagessen an der Poplar Middle unter freiem Himmel ein, an grünen Metalltischen, die wie im Restaurant unterschiedlich groß waren.

Fonda spähte über den Rand ihrer gelben Sonnenbrille hinweg und schien zu überlegen. Drew war überrascht, mit welcher Beharrlichkeit Fonda versuchte, den perfekten Tisch und überhaupt das perfekte *Alles* zu finden. Wenn sie ins Kino gingen, ließ Fonda immer Drew und

Ruthie aussuchen, wo sie sitzen wollten. Wenn in ihrem Lieblings-Fro-Yo-Laden alle Séparées besetzt waren, zuckte sie bloß mit den Achseln und setzte sich auf den Boden. Warum also war es plötzlich so wahnsinnig wichtig, wo ihr Tisch stand? Sie waren zusammen! Der wichtigste Teil ihrer Mission war längst erfüllt.

»Ich finde, das ist echt ein Fünfsternetisch«, wagte Drew sich vor. »Keine Vogelkacke, mitten im Geschehen, und direkt neben ...« Sie wies mit dem Daumen auf die Jungs am Nebentisch.

»Uääh, nein! Die sind ja erst in der Siebten! Komm, wir suchen weiter.«

»Aber wonach?«

»Nach einem Tisch in der Nähe der Avas, aber nicht direkt neben ihnen. Nah am Rasen, aber nicht auf dem Gras. Unter dem Sonnendach, aber nur im Halbschatten.«

Schließlich ließ sich Fonda an einem anderen Vierertisch nieder, der nur einen Tisch von den Basketballplätzen und zwei von den Fjällräven-Kånken-Rucksäcken der Avas entfernt war, die sie offenbar schon hier abgestellt hatten, ehe die Mittagspause überhaupt anfing. Jetzt fehlte nur noch Will, der keinen einzigen Vormittagskurs mit Drew gehabt hatte und ihr auch nirgendwo über den Weg gelaufen war. Und natürlich Ruthie. Die fehlte auch.

»Glaubst du, sie hat sich verlaufen?«, fragte Drew und spähte angestrengt durch die Glastür nach drinnen.

»Das Mädchen kann ein Fünfhundert-Teile-Puzzle in

fünfzehn Minuten zusammensetzen, findet aber den Mittagsgarten nicht? Das kann ja wohl nicht wahr sein.«

Drew kicherte. *Mittagsgarten.* So nannten die das hier ernsthaft.

»Dr. Fran muss ihr endlich ein Handy besorgen«, sagte Fonda, ehe sie ihre Lipglosslippen auf eine schlanke Dose Grapefruit-Perrier drückte und sie in einem Schluck leerte.

Rüüüülps.

Fonda schlug sich die Hand vor den Mund und kicherte.

»Also, sag mal!« Drew lachte, sie war dankbar für den Rülpser. Weil er bewies, dass Fonda immer noch Fonda war, obwohl sie sich so wahnsinnig bemühte, jemand anders zu sein.

Zwei Brünette in identischen Jeansröcken kamen zu ihnen an den Tisch.

»Besetzt«, sagte Fonda.

»Ihr dürft hier keine Plätze frei halten«, sagte das Mädchen mit den Sommersprossen und stellte sein Tablett ab.

»Mach ich ja auch gar nicht.«

»Und warum sind hier dann zwei leere Plätze?«

»Unsere Freundin ist gerade auf dem Klo.«

»Aber für eine von euch beiden ist noch Platz«, bot Drew an, weil sie ganz genau wusste, dass sich die beiden nie im Leben trennen würden. Mädchen in identischen Outfits trennten sich nie.

Tatsächlich wechselten die beiden einen entsetzten Blick.

»Kein Problem, das verstehen wir.« Fonda grinste und reichte Sommersprosse ihr Tablett. »Drüben am Eingang hab ich noch ein paar freie Tische gesehen.«

Sommersprosse und ihre Freundin zogen zwar lange Gesichter, dampften aber ohne weiteren Protest ab.

Drew öffnete ihre Tupperdose. »Jippie! Knusperdinos!«

Fonda stand auf. »Verteidige diesen Tisch mit deinem Leben.«

»Wo gehst du hin?«

»Ich hole Ruthie, ehe noch mal jemand versucht, ihr den Platz wegzunehmen.«

»Hey, warte!«, rief Drew. »Du kannst mich doch nicht einfach so hier sitzen lassen!«

»Bin gleich wieder da«, versicherte Fonda. »Steh auf keinen Fall auf.«

Drew biss in einen kalten Knusperdino. »Mach schnell.«

Kaum war sie allein, nahm sie die neue Umgebung überdeutlich wahr. Das Aufbranden von Gelächter, das Knistern von Chipstüten, das Zischen von Limo-Dosen, die geöffnet wurden. Sie fühlte sich ausgeliefert und fehl am Platz: eine schlaksige Palme inmitten eines Mittagsgartens voller zarter Blumen.

Sie musste sich die Jungs näher angucken. Musste herausfinden, ob es hier noch andere Mädchen gab, die skateten. Aber als Allererstes wollte sie wissen, ob Will irgendwo in der Nähe war.

Es duftete nach Sommerflieder, und eine leichte Brise kitzelte sie im Nacken. Stand Will direkt hinter ihr und beobachtete sie, genau jetzt, in diesem Moment? Musterte mit seinen jeansblauen Augen ihren Pferdeschwanz? Die Vorstellung war megagruselig. Drews Beine begannen zu kribbeln. Dann zu jucken.

Sie wollte sich kratzen.

Wollte sich umsehen.

Durfte aber nicht.

Weil das echt erbärmlich rübergekommen wäre. Stattdessen untersuchte sie eingehend ihre Fingernägel und versuchte, unbeteiligt zu wirken. Aber zehn Fingernägel brachten ihr nur zehn Sekunden ein. Danach nahm die Verlockung überhand. Drew sondierte mit einem 360-Grad-Blick die Umgebung. Was witzlos war, weil Will sie überhaupt nicht beobachtete. Will nicht und auch sonst niemand.

Dann hörte sie das vertraute Knirschen von Polyurethanrollen auf Asphalt. War das endlich Will?

Drew folgte dem Geräusch mit Blicken bis zum Basketballfeld. Eine Macht, für die ihr kein anderes Wort als »übernatürlich« einfiel, zwang sie, von ihrem Platz aufzustehen und wie ferngesteuert zu dem asphaltierten Karree zu laufen. Dort durfte sie zusehen, wie Will einen Kickflip stand, während seine Freunde ein Video machten. Drew bekam weiche Knie. Bei seinem Anblick schienen sich ihre gesamten sechseinhalb Meter Darm ineinander zu verknoten. Kein Wunder, dass man liebeskrank werden konnte! Jetzt kurvte Will in Tic-Tacs um einen seiner Freunde herum, was bei ihm total easy und entspannt aussah. Drew traute sich, »Hey« zu sagen, doch im selben Moment fuhr er über eine leere Tüte, und das Brett rutschte ihm unter den Füßen weg. Als Nächstes lag er auf dem Boden, sein Rücken krumm wie eine Brezel.

Drews Herz begann zu rasen. Hatte Will sich verletzt?

Trotzdem unterdrückte sie den Drang, zu ihm zu rennen, und ging stattdessen langsam über den Platz. Von Schwester Cate hatte sie gelernt, dass man Unfallopfer in Panik versetzen konnte, wenn man hektisch herumrannte. Und es war äußerst wichtig, dass die Ersthelfer am Unfallort so wirkten, als hätten sie alles im Griff. Aber ehe sie auch nur in Wills Nähe kam, war er schon aufgesprungen, wieder auf sein Brett gestiegen und tic-tacte weiter.

Da Drew jetzt zu nah war, um ihn weiter unauffällig aus der Ferne beobachten zu können, musste sie irgendwie Kontakt aufnehmen. »Hey«, sagte sie diesmal lauter und winkte.

Das war der Augenblick, in dem Will eigentlich vom Board springen, angelaufen kommen und sie mit einem freundlichen Lächeln begrüßen sollte. Nur dass Drew offenbar in einem anderen Film gelandet war. Nein, eigentlich war es gar kein Film. Es war eine Realityshow. Eine, in der Will sie sah, ihr desinteressiert zunickte und dann in die entgegengesetzte Richtung davonrollte.

»Da bist du ja!«, rief Fonda, die anmarschiert kam wie eine Furie. Ihr geglättetes Haar flatterte ihr ums Gesicht wie Fischkiemen. »Ich bin zurück zu unserem Tisch, aber du warst nicht mehr da. Weißt du, wer stattdessen dort saß? Sommersprosse mit drei Freundinnen.«

Der Tisch! »O nein, tut mir leid! Das war echt total besch …«

»Der Tisch war perfekt!«

»Ich …«

»Warum bist du überhaupt aufgestanden?«

Drew wies auf die Jungs am anderen Ende des Spielfelds, die sich gerade spielerisch gegenseitig in die Bretter fuhren. »Wegen Will«, murmelte sie kleinlaut.

»Oh«, sagte Fonda, und die Furche zwischen ihren Brauen glättete sich ein wenig. »Habt ihr geredet?«

»Nein. Er hat so getan, als ob er mich nicht kennt.«

»Vielleicht sieht er ja schlecht«, versuchte Fonda, sie aufzumuntern.

»Hoffentlich.« Dann: »Hast du Ruthie gefunden?«

»O ja.« Fondas Blick wanderte zu den fernen Gipfeln der Santa Ana Mountains, als würde sie voller Wehmut an vergangene, bessere Zeiten zurückdenken. »Sie ist in ihrem Klassenzimmer.«

»Und was macht sie da?«

»Mittagsunterricht.«

»So was gibt es?« Das klang ja noch bescheuerter als Mittagsgarten!

»Sieht ganz so aus.«

»Aber morgen isst sie mit uns zusammen, oder?«

Fonda schüttelte den Kopf. »Die machen das jeden Tag.«

»Das ganze Jahr über?«

»Jepp.«

Drew fühlte sich, als sei sie in einen Schlafsack aus Traurigkeit gekrochen. Die Jahre auf der St. Catharine – wo man nur dazugehörte, wenn man so tat, als würde man sich für Gossip, Cupcake-Backwettbewerbe und Fußball interessieren – hatte sie nur durchgehalten, weil sie wusste, dass sie ab der Achten auf dieselbe Schule gehen würde wie Fonda und Ruthie. Dort würde niemand sie dafür verurteilen, dass sie ihr Skateboard liebte, Haarbürsten hasste und Krankenschwester statt Ärztin werden wollte. Mit ihren beiden Freundinnen zusammen würde sie einfach sie selbst sein dürfen. Aber nun waren sie gar nicht alle drei zusammen. Und diese Erkenntnis fühlte sich an, als hätte sie gerade erfahren, dass Weihnachten dieses Jahr ausfiel.

Schweigend standen Drew und Fonda am Rand der Asphaltfläche, gefangen in einer zähklebrigen Masse aus Ratlosigkeit. Wie sollte es jetzt weitergehen?

»Tut mir leid, dass ich vom Tisch aufgestanden bin«, sagte Drew.

Es tat ihr wirklich aufrichtig leid. Sie hatte nicht nur ein Versprechen gebrochen – sie hatte es für einen Typen getan, dem sie so egal war, dass er nicht mal winkte. »Wenn es das wenigstens wert gewesen wäre.«

Fondas Blick wurde weich, und sie fasste Drew beim Handgelenk. »Komm, dann sorgen wir eben dafür, dass es das wert war. Wir gehen rüber und reden mit ihm.«

»Das kann ich nicht!«

»Wenn du das jetzt nicht durchziehst, haben wir den Tisch für nichts und wieder nichts verloren. Das kann ich nicht auf mir sitzen lassen.«

»Na gut«, seufzte Drew. Sie war dankbar, dass Fonda sie ermutigte, aber gleichzeitig auch nervös. Was, wenn Will sie wieder ignorierte?

Flankiert von Fonda lief sie federnden Schrittes auf Will zu. »Hey!«, rief sie wieder.

Seine Mundwinkel hoben sich zu einem Lächeln, fielen aber gleich wieder nach unten, als sein Freund angerollt kam.

»Hey«, sagte der Freund. »Ich bin Henry.« Er hatte dunkle Augen und war braun gebrannt. Sein Haar war struppig und ebenfalls dunkel, und er hatte das neueste iPhone, das erst gestern rausgekommen war.

»Oh«, sagte Drew. »Ich weiß, wer du bist. Du hast heute Morgen im Sportunterricht einen Ball nach mir geworfen.«

»Mann, wie unfair!«, sagte Fonda. »Ihr durftet Brennball spielen?«

»Nein, wir sind im Stadion gelaufen. Deswegen war die Sache mit dem Ball auch so schräg.«

Henrys Wangen liefen rot an, er räusperte sich. »Hm, ja, also, tut mir leid.«

»Und ihr zwei kennt euch schon, oder?«, sagte Fonda zu Will.

Drew warf ihrer Freundin ein dankbares Lächeln zu.

»Du kennst sie?« Henry drehte sich überrascht zu Will um. »Woher?«

Will fuhr sich mit der Hand durchs Haar, bis sie wieder in alle Richtungen abstanden. Drew musste grinsen. »Battleflag, richtig?«, murmelte er.

»Na klar, du Doofnuss!« Drew lachte, weil sie dachte, dass Will einen Witz machte. Weil das ein Witz sein *musste*. Schließlich war es erst drei Tage her, dass sie auf der Krankenstation miteinander geredet hatten. Aber Will lachte nicht. Er stand einfach da und blickte hinaus auf die Santa Ana Mountains wie Fonda gerade.

»Und? Habt ihr ... ähm ... Zombie gespielt?«, stieß Drew hervor.

Will zuckte mit den Achseln. »Wir skaten einfach 'n bisschen.«

»Ah«, sagte Drew. »Klar, ihr tragt ja auch gar keine Augenbinden.« Sie verpasste sich selbst eine Kopfnuss, dann kicherte sie verlegen. »Hey, morgen bringe ich mein Brett mit, dann können wir alle ...«

»Cool!«, sagte Henry. »Du könntest nach der Schule mit mir zusammen fahren. Will hat nämlich schon was vor. Richtig, Will? Aber wir zwei könnten in den Skatepark.«

»Ach so ... äh, richtig, ja.« Will stellte einen Fuß aufs Brett und rollte es langsam vor und zurück. Inzwischen starrte er nicht mehr die Berge an, sondern den Boden. Hatte er vergessen, sein Levocetirizin zu nehmen?

Drew warf Fonda einen gestressten Blick zu. *Und jetzt?*

»Ähm, Drew, wie hieß noch mal dieser coole Trick, den du gerade gelernt hast? Oliver?«

Drew kicherte. »Ollie.«

»Genau«, sagte Fonda. »Kennt ihr den, Jungs?«

»Jepp«, sagte Henry und schob sich seinen Haarmopp aus der Stirn. »Den hab ich Will letztes Jahr beigebracht.«

»Du mir?« Will lachte. »Netter Versuch, Alter. Ich hab den *dir* beigebracht.«

»Ha! Das ist ja wohl voll gelogen!«

»Du bist hier der Lügner!«

Sekunden später jagten sie sich gegenseitig über den Basketballplatz, boxten einander mit den Fäusten in die Oberarme und riefen sich Beschimpfungen zu, während Drew und Fonda vom Rand aus zusahen.

»Ähm, die Jungs warten auf uns«, sagte Fonda laut zu Drew. »Wir sollten los.«

»Welche Jungs?«, fragte Drew.

Fonda warf ihr einen giftigen Blick zu. *Komm schon, lass mich nicht hängen!*

»Ach so, *die!*«, rief Drew. »Na klar, wir müssen los!«, wiederholte sie, obwohl sie lieber geblieben wäre, bis sie herausgefunden hatte, weshalb Will so schräg drauf war. Aber Fonda zerrte beharrlich an ihrem T-Shirt, und das war vermutlich auch besser so.

Arm in Arm hasteten sie davon, und als sie weit genug

weg waren, um ungestört reden zu können, murmelte Drew: »So hatte ich mir das nicht vorgestellt.«

»M-hm.« Fondas Blick zuckte zu dem winzigen roten Logo auf Drews T-Shirt. »Ich weiß, wie du dich fühlst.«

Aber das stimmte nicht. Niemand wusste das. Außer Drews Tupperdose, die sie nach langem Suchen in einer staubigen Ecke auf dem Boden fanden.

7. KAPITEL

Ursprünglich hatte Fonda ihren Freundinnen erst beim Sleepover heute Abend von ihrer supergenialen Idee erzählen wollen. Aber dann war plötzlich eine Schar Krähen über ihren Köpfen aufgetaucht, die wie aufgeregte Klatschmäuler zu krächzen schienen: *Jetzt! Erzähl es ihnen jetzt!*

»Wir brauchen einen gemeinsamen Namen«, platzte sie heraus, während sie lächelnd der Schülerlotsin zuwinkte. Es war der letzte Tag ihrer ersten Schulwoche, und sie war fest entschlossen, sich – nein, sie alle drei – noch vor dem Wochenende auf die nächste Stufe der Bekanntheitsskala der Poplar Middle zu hieven. »Wie die Avas!«

»Einen gemeinsamen Namen?«, fragte Ruthie. »So was wie FonDrewThie?«

Drew lachte und sagte: »Oder wir nennen uns gleich die Anti-Avas!«

Die beiden witzelten nur rum, aber Fonda konnte nicht mitlachen. Für sie fühlten sich die Sprüche an wie Tritte in die Magengrube. Und zwar mit Springerstiefeln. Fonda tat alles, damit sie angesagt waren und dazugehörten. Warum interessierte ihre Freundinnen das nicht?

Die Avas spazierten derweil ein paar Meter vor ihnen auf den Schuleingang zu, fest untergehakt wie die Glieder einer Kette. Ihre Beine waren lang und braun und bewegten sich in perfektem Gleichschritt, wie in einer Werbung für Venus-Rasierer. Sie brauchten keine farblich passenden Outfits, um zu beweisen, dass sie zusammengehörten. Weil es auch so offensichtlich war.

»Wir sollten einen Instagram-Account gründen«, fuhr Fonda fort. »Da posten wir dann Livestorys von unserem Sleepover und Bilder, auf denen wir coole Sachen machen. Und einen Namensvorschlag hab ich auch schon.« Sie streifte einen Rucksackträger ab. »Hashtag #nesties!«

Drew rümpfte die Nase, als hätte Doug sie mit einem Furz eingenebelt. »Echt jetzt?«

Fonda nickte. »Nachbar-Besties. Passt doch perfekt!«

Drew ließ ihr Skateboard ins Gras fallen, kickte es am Tail hoch und fing es in der Luft. »*Gani.*«

»Was soll das denn heißen?«

»Noch so ein Wort, das meine Mom erfunden hat. Es steht für ›Ganz sicher nicht‹.«

»Aber wäre das dann nicht eher *gasini?*«, fragte Ruthie.

»Ja, aber darauf mach ich meine Mom gasini aufmerk-sam«, sagte Drew. »Das bringt sie nur auf dumme Ge-danken.«

»Egal.« Ruthie zuckte mit den Achseln. »Meine Eltern erlauben mir sowieso kein Handy.«

»Und meine haben mir Instagram verboten«, fügte Drew hinzu.

»Dann mache ich eben die Posts«, bot Fonda an.

Ruthie kämmte sich mit den Fingern durch den Pony. »Aber wenn wir sowieso nichts davon zu sehen bekom-men, können wir es auch gleich lassen.«

»Darum geht es doch nicht! Es geht darum, dass die an-deren mitkriegen, dass wir eine Clique sind.«

»Ich komm langsam nicht mehr mit. Sind Cliquen auf der Poplar wirklich so wichtig? Auf der Forest Day waren sie das nämlich nicht. Wahrscheinlich, weil ›Sozialhierar-chien‹ dort gegen die Regeln verstoßen. Aber trotzdem ...«

»Auf der St. Catharine waren Cliquen schon erlaubt, aber ich war in keiner. Ich war eher so der Einzelgänger.«

»Wie ein großer, einsamer Wolf?« Ruthie gackerte. »Mit langem, dickem Fell auf den Beinen.«

Drew machte sich fast in die Hose vor Lachen.

Fonda schloss die Augen und atmete dreimal tief durch, um sich zu beruhigen. Heulen hatte noch nie irgendwem weitergeholfen und außerdem würde es gleich läuten. Es blieb keine Zeit mehr, ihren Freundinnen zu erklären, was die eigentlich selbst hätten wissen sollen. Nämlich dass Fonda es satthatte, übersehen zu werden. Sie wollte bewundert werden, so wie ihre Schwestern. Beneidet wie die Avas. Dafür geliebt werden, dass sie anderen half, das Beste aus ihrem Leben zu machen. Wenn sie zusammen mit zwei tollen Mädchen auf dem Schulgelände erschien, die in ihr das sahen, was allen anderen bisher entgangen war, dann würde der Rest der Welt garantiert nachziehen.

Nur dass diese zwei tollen Mädchen Fonda gar nicht mehr sahen. Sie waren viel zu beschäftigt mit Mittagsunterricht und damit, Wills rätselhaftes Verhalten zu deuten. Endlich ging Fonda auf dieselbe Schule wie ihre Besties – und fühlte sich so allein wie noch nie.

»Die Sache ist ganz einfach«, sagte Fonda. »Wenn die Leute wissen, dass es uns gibt, sind wir wichtig. Und ich will, dass wir wichtig sind, okay?«

»Aber sind wir nicht schon wichtig?«, wollte Ruthie wissen.

»Wir sind *uns* vielleicht wichtig. Aber allen anderen sind wir egal.«

»Warum ist es so wichtig, dass wir anderen wichtig sind?«, fragte Ruthie. »Eigentlich sollte doch nur wichtig sein, dass wir einander wichtig sind.«

Drew hämmerte gegen ihren Helm und rief: »Hör endlich auf, *wichtig* zu sagen! Das klingt schon gar nicht mehr wie ein echtes Wort!«

Ruthie musste lachen. »Das geht mir so mit *frische Fische*. Wenn ich es zu oft hintereinander sage, spucke ich beim Reden und bekomme Erstickungsgefühle. Willst du mal sehen?«

»Wieso solltest du zu oft hintereinander *frische Fische* sagen?«, fragte Drew.

»FischersFritzefischtfrischeFischeFrischeFischefischt-FischersFritze«, antwortete Ruthie.

Während die beiden sich schlapplachten, entschuldigte Fonda sich in Gedanken bei den beiden Tagetäschchen, die in Goldpapier gehüllt in ihrem Rucksack lagen. Sie hatte sie extra für ihre Freundinnen gemacht, zur Feier ihrer ersten gemeinsamen Woche an der Poplar Middle. Aber da es nichts zu feiern gab, würden die beiden auch ihre Geschenke nicht bekommen. Fondas Wunschcollage hatte ungefähr so viel gebracht wie eine Kindergartenschmiererei, ihr SUPER-Plan entpuppte sich immer mehr als KACK-Plan, und ihre Farbe des Tages schien farbenblind zu sein.

Die Fünf-Minuten-Glocke läutete, und die Mädchen betraten das Schulgebäude.

»Heute Sleepover bei mir«, erinnerte Fonda ihre Freundinnen.

»Und morgen gehen wir ins Kino, oder?«, fragte Drew. »Ich hab jedenfalls nichts anderes vor, also Zombie spielen oder so.«

Fondas Brust wurde eng. Wollte Drew nur ins Kino, weil Will kein Interesse an ihr hatte? Waren Fonda und Ruthie plötzlich nur noch Plan B?

»Ich kann leider nicht mit ins Kino.« Ruthie seufzte. »Ich muss mich morgen mit den Titanen treffen.«

»Am Samstag?«

»Was sind denn Titanen?«, fragte Drew.

»So nennt uns unsere Lehrerin«, antwortete Ruthie, ehe sich ihre Wege trennten. »Aber lassen wir das.«

»Lassen wir das«, murmelte Drew betrübt.

Am liebsten hätte Fonda sie umarmt und fest gedrückt. Zum ungefähr tausendsten Mal diese Woche wollte sie sagen: »Vergiss Will. Du verdienst einen Fünfsternejungen mit Zehnsterneherz! Komm, wir suchen dir einen.« Aber ihre Stimmung war zu düster, um andere aufzumuntern. Anders als Drew war Fonda nicht von einem Jungen abgewiesen worden, mit dem sie vorher nur ein einziges Mal geredet hatte – sondern von ihren beiden besten Freundinnen, die sie schon ihr Leben lang kannte.

Ein paarmal tief durchzuatmen reichte nicht, um das Brennen loszuwerden, das in ihrer Kehle hochstieg und sich in Richtung Nase und Augen vorarbeitete. Dafür war es zu stark. Viel zu stark.

»Ich muss mal«, stieß sie hervor. »Wir sehen uns im Unterricht.«

Auf dem Klo hastete Fonda zur hintersten Kabine und knallte die Tür hinter sich zu. Warum verstanden Drew und Ruthie sie nicht? Fonda wusste, dass die beiden sie oberflächlich fanden. Aber das war sie nur, weil sie ihr Leben lang vom Planschbecken aus hatte zusehen müssen, wie ihre Schwestern im Pazifik surften – und zwar buchstäblich! Die Achte hatte Fondas großes Jahr werden sollen. Das Jahr, in dem man sie bemerkte. Das Jahr, in dem sie jemand *wurde*. Sie hatte sich so einen tollen Plan ausgedacht. Nur dass sich kein Mensch daran hielt. Lag es daran, dass Ruthie und Drew ihren Plan bescheuert fanden? Oder waren sie einfach nur zu beschäftigt mit ihrem eigenen neuen Leben? Fonda wusste nicht, welche Vorstellung sie schlimmer fand. Bei dem Gedanken begannen die Tränen, ungehemmt zu fließen, kullerten Fondas Wangen hinab und rannen an den Nasenflügeln entlang. Selbst ihre Tränen machten, was sie wollten!

Als keine Tränen mehr kamen und Fonda sich ganz schwer und müde fühlte, tupfte sie sich die Augen mit Klopapier ab und versuchte, ihre Atmung wieder in den Griff zu bekommen. Aber das Schluchzen ging weiter.

Moment mal, war da jemand in der Kabine neben ihr?

Als Fonda durch den Spalt unter der Trennwand spähte, entdeckte sie ein Paar gebräunte Beine, goldene Sandalen und ein Mädchen, das offenbar mit eigenen Problemen zu kämpfen hatte.

»Alles in Ordnung?«

»Eher nicht«, schniefte das Mädchen.

»Was ist los?«

»Glaub mir, das willst du lieber nicht wissen.«

»O doch.« Nichts lenkt so gut von eigenen Problemen ab, wie sich mit den Problemen von anderen zu beschäftigen. »Also, was ist los?«

Es läutete zum letzten Mal.

»O nein! Ich kann so doch nicht da rausgehen«, schluchzte das Mädchen.

»Versteh ich«, sagte Fonda. »Da draußen ist es echt schrecklich.«

Das andere Mädchen lachte krächzend, dann öffnete sich die Tür der benachbarten Kabine mit einem leisen Klacken. Drinnen saß Ava R. Ihr Shirt, das vorhin noch in ihren weißen Shorts gesteckt hatte, hing lose um die Hüften, die Shorts hatte sie ausgezogen.

»Also, was ist passiert?«, fragte Fonda, so als würden sie sich täglich zu einem Plausch auf dem Klo treffen.

Ava R. drehte sich um und zeigte ihr einen kleinen Blutfleck auf ihrer Unterhose. »Zumindest haben meine Shorts nichts abbekommen. Aber wenn ich sie wieder anziehe, wird sich das ändern.«

Fonda riss die Augen auf. »Hast du etwa gerade …«

Ava R. nickte.

Fonda umarmte sie. Natürlich, um sie zu trösten. Aber ein bisschen auch, weil sie gehört hatte, dass die Regel ansteckend war und sie ihre ganz dringend auch bekommen wollte. »Das erste Mal ist furchtbar«, sagte sie und verschwieg, dass sie das nur vom Hörensagen wusste.

»War es bei dir auch so?« Ava R. deutete auf den Blutfleck.

»Schlimmer.« Fonda biss sich auf die Lippe. Eigentlich log sie nur ungern, aber normalerweise war sie auch nicht so verzweifelt wie im Moment. »Wie nach einer Messerstecherei.«

»Und was hast du gemacht?«

Hmmmm … Fonda blickte auf den beigegekachelten

Boden. Tja, was hätte sie wohl getan? Sie versetzte sich in Ava R.s Lage, und auf einmal – *Bäm!* – wusste sie, was zu tun war. »Ich hätte mein Tagetäschchen benutzt.«

»Dein was?«

Fonda öffnete ihren Rucksack und holte mit einem kleinen Tusch eins der Geschenke heraus. »Mach auf.« Ava R. entfernte das goldene Papier und grinste. »Passt zu meinen Shorts«, sagte sie, als sie das weiß-rot getupfte Täschchen in den Händen hielt.

»Das Muster hab ich absichtlich gewählt.«

»Verstehe.« Ava R. lächelte ihr Selfie-Lächeln, bei dem ihre perlweißen Zähne glänzten. Anders als Fonda, die vermutlich aussah wie ein begossener Chihuahua, standen ihr Nervenzusammenbrüche ausgesprochen gut. Ihre Augen waren nicht geschwollen, sondern glitzerten, und ihr breites, fotogenes Gesicht hatte nicht einen einzigen roten Fleck. Sie war genauso blond und braunäugig und makellos wie immer. Nur dass sie im Gegensatz zu sonst verletzlich wirkte. Was ihr leider ausgesprochen gut stand. »Und was macht man jetzt mit so einem Tagetäschchen?«

»Da ist alles drin, was man braucht, wenn man in einem ungünstigen Augenblick von seiner Regel überrascht wird.«

»Echt?«

»Echt.« Fonda strahlte.

»Voll toll, danke! Das ist großartig! Ich geb's dir morgen zurück, versprochen!«

»Kannst du behalten«, sagte Fonda. »Ich hab mehrere.«

Und ehe sie sichs versah, hatte Ava R. sie in eine vanilleduftige Umarmung gezogen und drückte sie an sich. »Du bist echt die Beste, Fonda!«

Wie von Zauberhand rollte der Stein davon, der Fonda auf der Seele gelegen hatte. Ava R. kannte ihren Namen. Ava R. fand, dass sie die Beste war. Ava R. bedankte sich bei Fonda für ihr Tagetäschchen. Gut, es hatte sieben Jahre gedauert, bis jemand Fonda bemerkte, aber das Warten hatte sich gelohnt.

Als Fonda zum Unterricht flitzte, dachte sie an den Zettel aus dem Glückskeks, den sie auf ihre Wunschcollage geklebt hatte, und musste kichern. Wer hätte ahnen können, dass sie ihre einmalige Gelegenheit auf dem Schulklo finden würde?

8. KAPITEL

»Schatz, deine Freunde sind da!«, rief Ruthies Mom aus der Küche.

Der karottenrote TSF-Van stand vor ihrem Haus, vollgepackt mit Leuten in Ruthies Alter – aber ihre Freunde waren das ganz sicher nicht. Ruthies Freundinnen gingen später ins Kino. Weil Samstag war und Nesties am Samstag ins Kino gingen. Tief drinnen fühlte Ruthie sich gar nicht mehr richtig als Nestie. Sie war jetzt eher so was wie ein Vestie – ein verlorener Nestie –, der gekünstelt lachen musste, wenn Fonda und Drew Witze über die Schildkrötenkrawatten ihres Biolehrers rissen. Nicht, dass Ruthie Schildkrötenkrawatten akzeptabel gefunden hätte – überhaupt nicht! Das Problem war, dass sie mit den Geschichten über Lehrer und ihren Unterricht und den Mittagsgarten nichts anfangen konnte. Die Witze kapierte man nur, wenn man dabei gewesen war.

Aber Ruthie war nicht dabei. Die Titanen lernten nämlich nicht nur während der Mittagspausen weiter, sondern auch an den Wochenenden. Und das war ein Gesprächsthema, für das sich nun wirklich kein Mensch interessierte. Plötzlich fühlte sich Ruthies Begabung nicht mehr an wie ein Geschenk, sondern wie eine Last, die sie gern losgeworden wäre.

»Hier drüben!« Sage winkte und klopfte auf den leeren Sitz neben sich. Sie trug das Gleiche wie immer: Schwarz in Schwarz, bis auf die goldenen Sneakers. Wie Steve Jobs wollte sie keine Gehirnkapazitäten darauf verschwenden, morgens überlegen zu müssen, was sie anziehen sollte.

Der Van fuhr auf den gigantischen Freeway 405 Richtung Norden. Offenbar musste sich bei jeder Klassenfahrt jemand anderes um die Playlist kümmern. Heute war Favian dran, und er hatte sich für den *Hamilton*-Soundtrack entschieden, das Hip-Hop-Musical über den Gründervater der USA. Er kannte jeden einzelnen Song auswendig – und alle anderen auch, weil Favian nämlich von morgens bis abends nichts anderes tat, als die Lieder vor sich hin zu summen, die Lieder zu rappen oder über die Lieder zu philosophieren. Sein Tick nervte Ruthie zwar total, aber jetzt, wo alle gemeinsam im Chor sangen, fühlte es sich irgendwie gut an.

Doch dann schaltete Rhea die Musik aus und griff nach dem Mikrofon, das über dem Fahrer hing. Sie trug ein Titanen-T-Shirt und hatte versprochen, dass bei der nächsten Fahrt alle Schüler auch eins haben würden. Ruthie hoffte sehr, dass sie ihr Versprechen nicht halten würde. Was war das nur mit der Poplar? Warum wollten alle unbedingt gleich gekleidet sein?

»Heute lernen wir etwas über Teamwork und üben, auch unter Druck nicht den Kopf zu verlieren«, verkündete Rhea.

Die Titanen jubelten.

»Mal sehen, ob ihr durch das folgende Rätsel darauf kommt, wohin wir fahren.«

»Das macht sie immer.« Sage zog einen Block aus ihrem Rucksack und klickte mit ihrem Kugelschreiber. »Cool, oder?«

»Ihr seid gefangen in einem Wald mit vier Ausgängen«, begann Rhea. »Jeweils einer im Norden, Süden, Osten und Westen. Den Nordausgang bewacht ein Schwarm giftiger Insekten. Vor dem Westausgang befindet sich ein Loch, das zu groß ist, um es zu überwinden, auch mithilfe eines Seils. Am Südausgang sind Löwen, die seit drei Monaten nicht mehr gefressen haben. Und der Ostausgang wird von einem riesigen Felsbrocken blockiert, über den man nicht klettern kann. Also, welchen Ausgang nehmt ihr?«

»Süden!«, sprudelte es aus Ruthie heraus.

»Echt jetzt?«, flüsterte Sage. »Kanntest du das vorher schon?«

»Nein.«

»Aber woher weißt du dann …«

»Und warum?«, fragte Rhea, ohne sich anmerken zu lassen, ob Ruthies Antwort richtig war oder nicht.

»Die Löwen haben seit drei Monaten nichts mehr gegessen, stimmt's?«

Rhea nickte.

»Dann sind sie tot.«

»Genau!«, erwiderte Rhea. »Deine Argumentation ist schlüssig und deine Geschwindigkeit war beeindruckend.« Sie begann zu applaudieren, und zu Ruthies Überraschung fielen die Titanen mit ein. Sie klatschten nicht langsam und gemessen, wie man es tat, wenn man insgeheim eifersüchtig war, sondern voller Nachdruck und Begeisterung. Was Ruthie nach ihren Erlebnissen in der vergangenen Woche verwirrend fand. Die übrigen Titanen waren zwar nicht gemein zu ihr gewesen – aber auch nicht gerade nett.

»Also, was glaubt ihr, nachdem ihr dieses Rätsel gehört habt?«, fragte Rhea. »Wohin fahren wir?«

»In den Zoo?«

»Auf eine Insektenfarm?«

»Hochseilgarten!«

»Zelten.«

»Burger essen?«

»Nein.« Rhea lächelte. »Wir fahren in einen Escape Room.«

Alle jubelten, am lautesten Ruthie. Mission Xpossible kannte jeder hier in der Gegend. Ein Team wurde in einen Raum gesperrt, der meistens irgendein Motto hatte, und musste Rätsel lösen und Hinweisen folgen, um wieder herauszukommen. Ruthie war Escape-Room-Rekordhalterin und nur fünfzehn Xcape-Punkte davon entfernt, einen Reiskocher zu gewinnen. Noch viel wichtiger aber war: Wenn es ihr gelang, die Titanen in weniger als vierzig Minuten in die Freiheit zu führen, hatte sie gute Chancen, es pünktlich zurück zu Drew und Fonda zu schaffen und gemeinsam mit ihnen ins Kino zu gehen. Eine klare Win-win-Situation!

Als der Bus auf dem Mission-Xpossible-Parkplatz hielt, erzählte Ruthie Sage leise, dass sie Rekordhalterin war und fragte, ob sie vielleicht ein paar Tipps wolle. Statt einer Antwort posaunte Sage durch den Bus: »Ruhe, Leute. Ruthie hat uns was zu sagen!«

Ruthie rutschte auf ihrer Sitzbank nach unten. »Was soll das?«, zischte sie. Ihre Wangen brannten, so unangenehm war ihr die Aufmerksamkeit.

»Ich versuche, dir dabei zu helfen, uns zu helfen«, erwiderte Sage im Flüsterton, dann sagte sie lauter zur Gruppe: »Also, Leute, Ruthie trennen nur noch fünfzehn Punkte vom Reiskocher. Sie weiß, wie ...«

»Bitte wartet damit, bis ihr eingesperrt seid«, unterbrach Rhea sie und hob abwehrend die Hand. »Euer heutiges Ziel besteht darin, unter Druck zusammenzuarbeiten. Also keine Pläne und Strategien, ehe das Spiel begonnen hat. Einverstanden?«

»Einverstanden.« Ruthie nickte. Dann drehte sie sich zu Sage. »Danke auch.«

»Gern geschehen.« Sage strahlte.

»Das hab ich ironisch gemeint.«

»Ich nicht.«

Ruthie legte den Kopf schief. »Hä?«

»Allen ist klar, dass es hier eigentlich nur um den Rekord geht. Wenn wir ihn knacken, weiß Rhea, dass wir das nur wegen dir geschafft haben. Also: Gern geschehen.« Sage zuckte mit den Achseln, als sei das keine große Sache. »Würdest du für mich doch auch machen, oder?«

Ruthie wurde innen drin ganz warm. Es war die Art Wärme, die man fühlt, wenn man eine neue Freundin gefunden hat. Denn was Sage gerade getan hatte, war genau das, was echte Freunde für einen taten.

»Klar würde ich das«, erwiderte Ruthie, und sie meinte es auch so.

»Gut!« Sage packte Ruthie am Ärmel ihres Pullis mit Eistüten-Print. »Dann los, knacken wir ein paar Codes!«

Die Titanen wurden von einem gepiercten Jungen im College-Alter in Empfang genommen, der ihnen erst die Augen verband und sie dann in einen Raum führte, der nach Putzmitteln roch.

»Eure Aufgabe ist ganz einfach«, sagte er. »Findet den goldenen Kelch und schafft ihn innerhalb von einer Stunde aus diesem Raum. Alle bereit?«

Als der Buzzer ertönte, rissen sie sich die Augenbinden herunter und fanden sich in einem unordentlichen Abstellraum wieder. Überall lagen umgekippte Bleicheflaschen und Wischmopps herum, die Regale waren teilweise umgekippt.

»Ist ja ekelhaft«, sagte Tomoyo.

»Die müssen vergessen haben, nach unseren Vorgängern aufzuräumen«, murmelte Alberta.

»Das ist doch kein Hotelzimmer«, wies Conrad sie zurecht.

»Was soll das heißen?«

»Dass es kein Zimmermädchen gibt.«

»Es soll so aussehen«, erklärte Ruthie. »Die Uhr tickt. Verteilt euch und sucht nach Hinweisen.« Teamwork und Rekorde waren ihr gerade relativ egal. Sie wollte einfach nur zurück zu Fonda und Drew, ehe die beiden ins Kino abdampften.

Sage putzte ihre Brille und krempelte sich die Ärmel hoch. »Was für Hinweise?«

»Ein Code, ein Schlüssel, ein Schloss. Schaut unter Tische, Regale …« Ruthie brach ab, als sie Quinn entdeckte, der auf dem Boden kniete und eine Steckdose von der Wand schraubte. »Das ist eine Sackgasse, probier was anderes.« Ruthie war bewusst, dass sie ein bisschen kurz angebunden klang, aber jede Sekunde, die sie hier verschwendeten, war eine Sekunde mehr, die sie nicht mit ihren Nesties verbrachte.

»Woher weißt du das?«

»Lichtschalter, Steckdosen, Rauchmelder … die gehören zum Raum, nicht zur Kulisse. Versuch mal, die Regale wieder richtig hinzustellen, vielleicht löst du damit was aus. Manchmal stehen die Hinweise auch irgendwo geschrieben«, erklärte Ruthie. »Favian, geh mal den Stapel mit den Lochkarten für die Angestellten durch. Everest, kümmere dich um die Besenstiele und Putzmittelbehälter. Quinn, du suchst nach einer Schwarzlichttaschenlampe. Und, Conrad, du blätterst alle Bücher durch.«

»Wieso?«

»Um zu schauen, ob Geheimfächer drin sind«, sagte Sage, die das Prinzip offenbar schon verstanden hatte. »Sie könnten Hinweise enthalten.«

»Ich hab ein Klemmbrett mit einem Foto gefunden!«, rief Alberta. »Es zeigt den Raum hier, nur in aufgeräumtem Zustand.«

»Gib mal her«, sagte Ruthie und schnappte sich das Klemmbrett. Fotos enthielten oft wertvolle Hinweise. »Leute, wir räumen jetzt alles so auf, dass es genauso aussieht wie auf dem Foto.«

Alle wuselten wild durch die Kammer und traten sich gegenseitig auf die Füße, während Ruthie Befehle erteilte wie ein General.

»Würde es dich umbringen, auch mal Bitte zu sagen?«, schnaubte Conrad.

Ruthie ignorierte den Seitenhieb. Sie war wild entschlossen, die Sache zu einem schnellen Ende zu bringen.

»Und jetzt?«, fragte Tomoyo, als die Kammer aufgeräumt war.

Ruthie begutachtete ihre Arbeit. Es gefiel ihr ganz und gar nicht, dass sie immer noch keinen Hinweis hatten. Dann bemerkte sie die schief hängende Stechuhr hinter Conrad und sagte: »Rück die mal gerade.«

Mit einem genervten Seufzer schob er die Uhr zurecht. Eine der Wände glitt zur Seite und enthüllte eine Lagerhalle voller Umzugskartons.

»Yes!«, rief Ruthie. Wenn sie in dem Tempo weitermachten, würde sie mit Fonda und Drew rechtzeitig zur Kinowerbung ihr Popcorn in Nacho-Käsesoße ertränken können. »Komm mit«, sagte sie zu Sage. »Ich weiß, was wir tun müssen.«

Zusammen schwirrten sie um ihre Klassenkameraden herum, die Codes brachen, Schlüssel umdrehten, Schlösser knackten. In der vierunddreißigsten Minute fanden sie den Kelch in Kiste Nummer 27 und stellten damit einen neuen Rekord auf. Er brachte den Titanen kostenlose Pizza im Partyraum und Ruthie einen brandneuen Zojirushi-Reiskocher ein.

»Gratulation zum Rekord, Titanen«, jubelte Rhea, als sie wenig später zum Van liefen. »Das war bei Mission Xpossible die schnellste Spielrunde aller Zeiten! Titanen sind …« Abwartend hielt sie inne.

»Titanen sind …?«, versuchte sie es noch mal, als niemand etwas sagte.

Zandra brach das Schweigen. »… fies. Titanen sind fies.«

»Frech«, schlug Alberta vor. »Titanen sind frech.«

»Und feindselig«, fügte Tomoyo hinzu.

Sage tippte rasch eine Nachricht in ihr Handy und zeigte Ruthie den Bildschirm. *Wie wär's mit foll undankbar?*

Ruthie guckte verwirrt. Was war denn jetzt los? Sie

waren gerade in Rekordzeit aus einem Escape Room entkommen und konnten jetzt mit ihrem restlichen Wochenende anfangen, wozu sie Lust hatten. War das etwa kein Grund zum Feiern? Hätte das Wort mit f nicht *froh* lauten müssen?

»Ist mir etwas entgangen?«, fragte Rhea.

Quinn hob die Hand. »Ruthie und Sage haben alles an sich gerissen und uns einfach übergangen.«

»Und das ist auch gut so«, sagte Sage. »Sonst hätten wir nie gewonnen.«

»Es sollte doch um Teamwork gehen, nicht ums Gewinnen«, warf Tomoyo ein.

»Aber den beiden war nur der Sieg wichtig«, sagte Conrad zu Rhea.

»Das verstehe ich ja, aber …«

»Ich lerne durch ausprobieren, nicht indem ich blind irgendwelchen Befehlen gehorche«, sagte Alberta. »Und Ruthie und Sage haben …«

»Das reicht«, unterbrach sie Rhea. »So, und jetzt alle in den Van. Und zwar leise, bitte.«

Beim Einsteigen spürte Ruthie die feindseligen Blicke der anderen im Rücken und hörte ihr Getuschel. Sie hatte niemandem wehtun wollen, es aber offensichtlich trotzdem getan. Doch sie hatten sich unter Druck bewährt und im Team gearbeitet. Sie hatten gewonnen! War das nicht der Sinn der ganzen Übung gewesen?

»Wie es aussieht, haben wir es mit einer LS zu tun«, sagte Rhea ins Mikrofon, als sie den Parkplatz verließen.

»Einer was?«, flüsterte Ruthie Sage zu.

»Einer lehrreichen Situation«, flüsterte Sage zurück.

»Es stimmt, ich habe gesagt, es würde um Teamwork gehen«, fuhr Rhea vorn im Bus fort. »Aber jedes Team braucht einen Anführer, wenn es seine Ziele erreichen will. Und was war euer Ziel?«

Keiner antwortete.

»Was. War. Euer. Ziel?«

»So schnell wie möglich zu entkommen«, schlug Sage vor.

»Und habt ihr das erreicht?«

»Ja«, antwortete Sage.

»Und haben Ruthies Einfälle und Vorschläge dazu beigetragen?«

»Total«, sagte Sage.

Am liebsten hätte Ruthie ihre neue Freundin umarmt, aber stattdessen schob sie die Hände unter die Oberschenkel.

»Und warum bedankt ihr euch dann nicht bei ihr dafür, dass sie euch zum Sieg geführt hat?«, fragte Rhea. Sie beantwortet die Frage gleich selbst. »Weil eure Egos euch im Weg stehen, deswegen.« Sie schwieg, um ihre Worte sacken zu lassen. »Ihr habt recht, bei dieser Aufgabe ging es um Teamwork. Aber offenbar war den meisten von euch der eigene Ruhm wichtiger. Jeder wollte den Helden markieren. Aber man wird nicht zum Helden, nur weil man einer sein will. Man wird zum Helden, indem man sein Ego überwindet und tut, was getan werden muss – ganz gleich, ob es von anderen bemerkt wird oder nicht. Denkt mal drüber nach.«

Ruthie wollte aufspringen und ihrer Lehrerin für diese flammende Rede applaudieren. Aber wahrscheinlich war es besser, auf ihren Händen sitzen zu bleiben und inmitten der erstickenden Stille aus dem Fenster zu starren wie alle anderen auch.

Nachdem der Van sie abgesetzt hatte, rannte sie die Treppe zu Fondas Haus hoch und drückte dreimal auf die Klingel.

Amelia öffnete ihr. Sie trug ein gelbes Bikinioberteil und Jeans. »Sie ist drüben bei Drew.«

Ruthie flitzte zu den Hardens und klingelte wieder dreimal. Dann klopfte sie das Morse-R, um ihrem plötzlich Auftauchen noch eine Prise mehr Dramatik zu verleihen.

Drews Bruder machte auf und musterte sie überrascht. »Warum bist du nicht mit Drew und Fonda im Kino?«

»Sie sind schon weg?«

Er biss in seinen Energieriegel. »Jupp. So vor zwanzig Minuten.«

Die ganze Anstrengung, das ganze Drama – für nichts. Ihre Freundinnen waren fort.

»Sorry«, sagte Doug und schloss kauend die Tür.

Ruthie blickte auf ihren neuen Zojirushi und heulte los. Wenn sie wenigstens gern Reis gegessen hätte!

9. KAPITEL

Drew stippte ein Popcorn in die Nacho-Käsesoße und schob es sich in den Mund. Heiße Chemiepampe mit einem Hauch von Jalapeño, gefolgt von einem befriedigenden Knuspern. Ein Fünfsternegeschmackserlebnis, das heute leider nur vier Sterne wert war, weil Ruthie nicht da war, um den Plastikteller zu halten – was normalerweise ihre Aufgabe war.

Fonda öffnete eine Packung rosa Starbursts und warf sich ein Kaubonbon in den Mund. »Als sie noch auf der Forest Day war, haben wir uns häufiger gesehen.«

»Ja, ich glaub langsam, die Poplar Middle School ist verflucht«, sagte Drew. Dann lachte sie ein bisschen. »Kapiert? PMS? Ein Fluch?«

»Nein.«

Eine Welle der Enttäuschung erfasste Drew. Fonda kapierte ihre Witze sonst immer. Vielleicht hatte Ruthie ja recht und die geglätteten Haare machten Fonda ernster.

»Du hast mir doch erzählt, dass Winfrey ihre Tage ›den Fluch‹ nennt, und die Initialen der Schule sind PMS, also ...«

»Ach so.« Fonda nickte. »Wieso bin ich da nicht selbst drauf gekommen?«

Die wichtigere Frage lautete: Wie war Drew darauf gekommen? Ihr Kopf war übervoll mit Will. Es grenzte an ein Wunder, dass noch Platz war für andere Gedanken.

»Ich glaube, er leidet an Prosopagnosie.«

Fonda schnappte sich eine Handvoll Popcorn. »Wer?«

»Will.«

»Und was ist Proso ... dings?«, fragte Fonda.

»Gesichtsblindheit. Das ist eine neurologische Störung. Die Betroffenen können andere Menschen nicht wiedererkennen. Die Krankenschwester im Camp hat mir davon erzählt«, erklärte Drew und stippte noch ein Popcorn in die Käsesoße. »Vielleicht hat sie mir das nur gesagt, weil sie mich warnen wollte, ohne direkt was zu sagen. Schweigepflicht und so, weißt du?«

»Vielleicht. Oder ...« Fonda verstummte. »Ach, egal.«

»Was?«

»Nichts.«

»Sag schon!«

Fonda stellte den Popcorneimer auf dem leeren Platz neben ihr ab. »Vielleicht hat er ja gar keine Propaganda.«

94

»Prosopagnosie.«

»Wie auch immer. Darum geht es doch gar nicht.«

»Und worum dann?«, fragte Drew. Sie war wirklich gespannt auf Fondas Antwort. Fonda wusste immer Rat und hatte vielleicht eine Erklärung für Wills plötzlichen Sinneswandel – eine, auf die Drew bisher nicht gekommen war.

»Was ich damit sagen will«, fuhr Fonda mit einem erschöpften Seufzer fort. »Vielleicht bist du einfach zu gut für ihn.«

»Er mag mich nicht, weil ich zu gut für ihn bin? Das ergibt doch überhaupt keinen Sinn! Müsste er mich nicht noch mehr mögen, wenn ich zu gut bin?«

Fonda legte Drew eine Hand auf die Schulter. »Nicht Will sagt, dass du zu gut bist, sondern ich.«

»Argh!« Drew hämmerte mit dem Hinterkopf gegen die Sitzlehne. »Das ist mir echt zu hoch.«

»Es reicht nicht, dass ein Typ einen Tag lang nett zu dir ist, wenn er dich am nächsten ignoriert. Er muss *immer* nett zu dir sein. Und wenn er das nicht ist und du dich nicht dagegen wehrst, muss ich dich eben beschützen.« Fonda schnappte sich die nächste Handvoll Popcorn, legte den Kopf in den Nacken und ließ es sich in den Mund rieseln. »Um es kurz zu machen«, sagte sie kauend, »wenn wir unseren Pakt aus der Sechsten ernst nehmen und uns nur in Jungs verknallen, die wir alle drei in Ordnung finden, dann muss Will jetzt eindeutig verschwinden.«

Fondas Worte taten so weh wie ein Dutzend Pfeile ins Herz. Wollte Fonda etwa, dass Drew sich entschied? »Ich weiß ja, dass er sich komisch benommen hat. Aber dafür gibt es bestimmt einen Grund. Ich muss nur noch herausfinden, welchen.«

»Du solltest lieber mal rausfinden, warum du zulässt, dass ein Junge dich behandelt wie eine Kiste Weihnachtsdeko.«

»Hä?«

»Die beachtet man auch nur einmal im Jahr.«

Drew war zu gekränkt, um zu lachen, und presste die Lippen zusammen.

»Echt, ich kapier das nicht«, sagte Fonda, den Blick fest auf die Leinwand gerichtet, wo die Kinokette gerade um Mitarbeiter warb.

»Was denn?«

»Du hast einen Jungen verdient, der so süß ist wie Shawn Mendes und Harry Styles zusammen. Aber stattdessen suchst du dir jemanden aus, der noch nicht mal nett zu dir ist.« Als sie Drew ansah, war in ihren hellbraunen Augen aufrichtige Sorge zu erkennen. »Warum Will? Warum magst du ihn so?«

Drew zwirbelte das Ende ihres Pferdeschwanzes. Eigentlich gab es sogar mehrere Gründe.

1. Das Fünfsternegespräch auf der Krankenstation.

2. Sie skateten beide und mochten Zombie.

3. Sie standen beide auf »The Skateboard Kid«.

4. Wills Augen hatten das gleiche Blau wie Drews beste Jeans.

5. Sie waren genau gleich groß.

Aber das hatte sie Fonda alles schon erzählt. Also sagte sie nur: »Warum sollte ich nicht?«

»Willst du echt was von einem Typen, der sich dein Gesicht nicht merken kann?«

»Es gibt Tricks«, sagte Drew und dachte dabei an Grandma Mae.

Als Grandma Mae dement wurde, klebte Grandpa Lou überall Post-its ins Haus. *Lass die Zwischentür zu, damit Tabasco nicht wegläuft. Tabasco ist unser Hund. Dein Handypasswort lautet 7131. Der Postbote heißt Roland. Er ist ein netter Mensch.* Zugegeben, ideal war das nicht, aber sie war zu Opfern bereit.

»Ich sage doch nur, dass kein Junge auf der Welt für dein Glück verantwortlich ist.«

»Aber das ist Will ja auch gar nicht«, antwortete Drew. »Er ist verantwortlich für mein *Un*glück.«

Fonda richtete ihren Blick wieder auf die Leinwand. »Ich finde einfach, du solltest dir jemanden suchen, der dich verdient hat. Vergiss Will.«

Alles in Drew sträubte sich. Will vergessen? Sie war doch keine Lampe! Sie konnte nicht einfach auf einen Schalter drücken, und weg war der Strom! Aber aus irgendeinem Grund verstand Fonda das nicht. Sie verstand *Drew* nicht. Früher hatte sie das getan, aber jetzt nicht mehr. Wenn doch nur Ruthie da gewesen wäre. Vielleicht hätte sie begriffen, dass bei Drew am Ende immer das Herz gewann, wenn sich Herz und Kopf uneinig waren. Auch wenn das Herz keine guten Gründe hatte oder offensichtlich im Unrecht war. Das spielte keine Rolle. Herzen waren nicht klug. Aber ihre Stimme war lauter als die der Logik. Und Drews Herz schrie so laut, dass es Glas zum Zerspringen bringen konnte.

Sie drehte sich zu Fonda, um der Freundin all das zu erklären, doch im gleichen Moment sagte Fonda: »Tut mir leid, ich wollte nicht grob klingen. Ich möchte doch nur, dass du glücklich bist, und diese ganze Sache mit Will macht dich echt unglücklich. Vielleicht brauchst du einfach nur ein bisschen Ablenkung.«

Im selben Augenblick setzten sich zwei Jungs in die Reihe direkt hinter ihnen.

»Hallo, Ablenkung«, murmelte Fonda.

»Echt jetzt?«

»Ja. Vergiss Will, nimm lieber einen von denen.« Sie deutete mit dem Daumen nach hinten.

Schon wieder wurde sie von Fonda wie eine Lampe behandelt. Oder ein Computer: Name suchen und ersetzen.

»Ich kenn die doch nicht mal!«

»Doch«, flüsterte Fonda. Sie beugte sich vor, um ein heruntergefallenes Starburst-Papierchen aufzuheben, und bedeutete Drew, dasselbe zu machen. Dann flüsterte sie:

»Sie gehen auch auf die Poplar. Jasper hat mit uns Englisch, und mit Frankie hab ich Sport.« Fonda hob die Brauen. »Komm, willst du ihnen nicht wenigstens eine Chance geben?«

»Hör auf, ständig *Will* zu sagen!«

Fonda verdrehte die Augen.

»Na gut.« Drew grinste halbherzig. Besser, sie ersparte sich weitere Diskussionen und gab einfach nach.

Fonda stellte sie einander vor, während Jasper in seinen Hotdog biss.

»Hey.« Er kaute und schien nicht mitbekommen zu haben, dass sein ganzer Daumen voller Ketchup war.

»Hey«, wiederholte Frankie und legte seine Füße ein bisschen zu nah neben Fondas Kopf auf die Sessellehne. Sein Haar sah aus wie getrocknete Ramen-Nudeln.

»Du spielst Wasserball, oder?«, fragte Drew. Sie war selbst überrascht über ihren Mut. Aber es war leicht, mit jemandem zu reden, der einem egal war.

»Ja«, sagte er misstrauisch. »Woher weißt du das?«

»Ja«, sagte Fonda. »Woher weißt du das?«

»Mein Bruder Doug hat früher auch gespielt. Seine Haare waren genauso strohig, das ist das Chlorwasser.«

»Du findest meine Haare strohig?«

»Und, Jasper?«, schaltete Fonda sich hastig ein, »hast du schon angefangen, *Die Outsider* zu lesen?«

»Nö, ich schau mir einfach den Film an«, sagte er und wischte sich den Ketchupdaumen an seinen Surfshorts ab.

»Ich auch«, fügte Frankie hinzu.

»Großer Fehler«, warf Drew ein. »Der Film ist im Vergleich zum Buch total öde.«

»Ach, echt?« Jasper beugte sich zu ihr vor. »Vielleicht liest du mir es ja irgendwann mal vor?«

Frankie lachte. Drew nicht. Was, wenn Jasper Legastheniker war und wirklich Hilfe beim Lesen brauchte? Das war nicht witzig, das war einfach nur traurig.

Die Lichter gingen aus, und die Mädchen drehten sich wieder zur Leinwand um.

»Siehst du?«, sagte Fonda. »Es hilft, mit anderen Jungs zu reden, oder?«

Am liebsten hätte Drew ihr gesagt, dass es überhaupt nicht half. Dass alle Wege, egal ob echte oder die in ihrem Kopf, zu Will führten. Aber Fonda schien so glücklich über ihren Einfall zu sein, dass sie es nicht übers Herz brachte, ihr die Wahrheit zu sagen. Also murmelte sie einfach nur: »Jupp, ich hab ihn schon vergessen.«

»Echt jetzt?«

»Total«, brummte Drew.

Fonda machte eine Drehbewegung mit dem Zeigefinger, sie wollte mehr hören.

»So vergessen, dass ich ihn blutend und mit gebrochenen Knochen im Straßengraben liegen lassen würde. Mit dem Vollpfosten bin ich fertig.«

»Echt?« Fonda strahlte vor Stolz.

»Echt.«

Aber in Gedanken rannte Drew gerade über die Straße, um Will zu retten.

10. KAPITEL

Erbarmungslos knallte die Sonne Fonda auf den Kopf. Ihr hämmerndes Herz bettelte um Gnade. Aber seit sie Ava R. das Tagetäschchen geschenkt hatte, war der Sportunterricht mit allem damit verbundenen Übel trotzdem zu ihrem Lieblingsfach geworden. Denn inzwischen schnaufte, keuchte und schwitzte sie in einem Grüppchen mit den Avas, was das Ganze etwas weniger traumatisch machte.

»Also, die Partyliste«, sagte Ava G. mit ihrer mädchenhaft hohen Stimme. »Ich will eure Top Ten hören.«

Sie schleppten sich gerade den ersten von drei schmerzhaft steilen Hügeln hoch. Coach Pierce bezeichnete die Strecke als den »Superweg«. Alle anderen nannten sie den »Superwürg«, weil am Ende immer irgendwer sein Mittagessen wieder von sich gab.

Coach Pierce schleifte sie einmal im Monat hierher, und normalerweise hasste Fonda diesen Tag. All die verschwitzten Jugendlichen in ihren braunen Schulsportanzügen, die sich keuchend aneinander vorbeidrängelten, als sei Tempowandern der schnellste Weg nach Harvard. Zumindest waren Fondas Beine seit dem letzten Jahr ein paar Zentimeter gewachsen, aber trotzdem musste sie immer noch doppelt so viele Schritte machen wie die anderen, um mithalten zu können.

»So. Unfair!«, keuchte Ava H., umfasste ihre langen, braunen Haare und warf sie sich über die Schulter. »Das machst du. Jedes. Mal.«

»Was. Denn?«, schnaufte Ava G.

»Fragen stellen. Immer. Wenn wir. Den Hügel. Rauflaufen.«

»Stimmt.« Ava R. lachte. »Macht sie. Wirklich. So. Unfair!«

»Warum. Un. Fair?« Fonda sprang fast das Herz aus der Brust, weil sie es wagte, sich an dem Gespräch zu beteiligen.

»So. Müssen wir. Bergauf. Die ganze. Zeit reden. Und sie. Muss nur. Zuhören.«

»Un. Fair?«, fragte Ava G. »Oder. Einfach. Genial?«

Aufgrund der eingeschränkten Sauerstoffzufuhr kicherten die Avas bloß kurzatmig. Nur Fonda hielt sich nicht zurück. Sie war glücklich, bei den Avas dabei zu sein. Das war mehr wert als aller Sauerstoff. Nicht, dass sie Teil ihrer Clique werden wollte. Fonda wollte ihre eigene, eine, in der die Mitglieder unterschiedliche Namen und Frisuren hatten. Aber Ruthie war ständig mit den Titanen unterwegs, und Drew behauptete zwar, über Will hinweg zu sein, warf ihm aber immer noch bei jeder Gelegenheit verträumte Blicke zu.

Während Fonda sich den Berg hochquälte, fragte sie sich unwillkürlich, ob ihre Nesties inzwischen einfach ihr eigenes Ding durchzogen, ohne sie. So fühlte es sich zumindest an. Heute Morgen hatte keine von beiden Fonda alles Gute zum Halbgeburtstag gewünscht, was seltsam war, weil sie ihre Halbgeburtstage sonst immer feierten. Hatten sie es vergessen? Oder noch schlimmer: War es ihnen egal? Vielleicht war Drew ja sauer, weil Fonda ihr im Kino die Meinung gesagt hatte. Aber Will benahm sich nun mal wie der letzte Idiot. Und waren Freunde nicht dazu da, einander die Wahrheit zu sagen? So hatten sie es früher doch auch immer gemacht!

»Zurück. Zur. Liste«, sagte Ava G. und fächelte sich die schweißglänzende Stirn. »Wen wollt ihr einladen? Meine Eltern sagen. Es dürfen. Dreißig Leute kommen. Also. Bekommt jede. Von uns. Zehn.«

»Meine Liste. Ist bisschen. Einseitig«, sagte Ava H.

»Wieso?«

»Stehen. Nur Jungs. Drauf.«

Fonda lachte zwar mit den anderen, als würde es ihr ganz genauso gehen. Aber ihre Gedanken rasten. Es war ja nicht so, dass sie was gegen Jungs hatte. Sie war schon ein paarmal leicht verknallt gewesen, und natürlich bemerkte sie es, wenn ein Junge besonders süß aussah. Aber trotzdem fielen ihr keine drei Typen ein, die sie auf eine Party eingeladen hätte, geschweige denn zehn. Stimmte was mit ihr nicht?

Die Avas begannen, ihre Listen runterzurattern, und Fonda gab sich alle Mühe zuzuhören. Aber die Avas hatten lange Beine, und Fondas waren nur mittellang. Es wurde immer schwieriger, Schritt zu halten. Irgendwann hinkte sie weit hinterher und hörte nur noch:

»____riecht nach Axe____eklig.«

Und: »Ich würde nie wen mit rissigen Lippen_____. Da kann ich ja gleich mit einer Nagelfeile_____.«

Und: »Können wir_____wieder auf die Liste_____?«

»Okay. Ich will Jess, Jack P.,___ack H.m Ja____ C. _____ Reef, Lu_____ und Dutch____ Gr____ …«

Es war wie ein Telefonat bei schlechtem Empfang. Worte, Silben, manchmal auch ganze Sätze wurden verschluckt. Aber eins war klar: Ihren eigenen Namen hatte Fonda auf keiner der Listen gehört. Nicht mal auf Ava R.s. Der Toilettenplausch, das Tagetäschchen … alles umsonst. Egal, wie viel Mühe Fonda sich gab, es war nie genug. Und wegen ihr würden auch Drew und Ruthie nie genügen. Man würde sie immer als die Mädchen betrachten, die es nicht geschafft hatten. Klar konnten sie noch eine Clique gründen, aber niemand würde mitmachen wollen. Und wenn keiner reinwollte, dann war man eindeutig raus.

»Bauchmuskeln anspannen und ein bisschen mehr Tempo!«, brüllte Coach Pierce, als sie sich an den Aufstieg des dritten und letzten Hügels machten.

Fonda tat nichts dergleichen.

Wieso sollte sie sich bemühen, Schritt zu halten, wo die Avas doch der lebende Beweis dafür waren, dass Schritthalten unmöglich war? Statt aufzuholen, wollte Fonda gerade lieber aufgeben.

Während sie den staubigen Pfad entlangschlurfte und dabei Sand und Verbitterung aufwirbelte, wurde ihr schwindelig. Grüne Kakteen, trockenes, braunes Unterholz, summende Bienen, die schweren Atemzüge der anderen und hin und wieder eine Wolke von Körpergerüchen vermengten sich zu einem Cocktail aus Eindrücken, der sie überforderte. Ihr wurde flau im Magen.

In ihrem Mund sammelte sich Speichel.

Sie musste aufstoßen.

Und dann kamen sie hoch, die Mini-Chicken-Tacos.

»Superwürg!«, rief Frankie, der Junge mit den Ramen-Nudel-Haaren.

Und so kam es, dass Fonda Miller von einem Moment auf den anderen nicht mehr unsichtbar war. Denn das Bild, wie sie sich den Sabber aus dem Mundwinkel wischte, hatte sich auf alle Ewigkeit in die Köpfe ihrer dreiundzwanzig Klassenkameraden eingebrannt.

11. KAPITEL

Es war Donnerstagabend, aber die einsame Leere in Ruthies Bauch fühlte sich eher nach Sonntag an. Inzwischen fürchtete sie sich vor der Schule, weil sie dort so was wie ein sozialer Flüchtling war: heimatlos und mutterseelenallein.

Natürlich hatte Ruthie die Titanen, und sie lernte Myriaden an Fun Facts von Rhea. Beispielsweise, dass das Wort Algebra vom arabischen *al-jabr* abstammte, was »die Vereinigung zerbrochener Teile« bedeutete. Wie in »Ruthie, Drew und Fonda brauchen ein *al-jabr*«. Aber der Mittagsunterricht, so sehr Ruthie ihn auch genoss, bedeutete, dass Drew und Fonda Dinge ohne sie erlebten. Und kein noch so perfektes Testergebnis konnte Ruthie glücklich machen, wenn sie dafür den Anschluss an ihre Freundinnen verlor.

Seufzend wandte sie sich Teil drei ihrer Hausaufgabe in kreativem Schreiben zu. Innerlich war sie ruhelos und unzufrieden. Ihre Geschichte *Foxie, das Werfuchs-Mädchen* handelte von einer Achtklässlerin, die sich bei Vollmond in einen Fuchs verwandelte. Und genauso wie die Strumpfhosen, die ihr nach jeder Verwandlung zerfetzt um die Beine hingen, war auch Foxies Seele zerrissen. Es war aufregend, Eichhörnchen zu jagen und sich in der Wildnis durchzuschlagen, aber gleichzeitig fühlte Foxie sich einsam. In diesem Kapitel entdeckte sie ein Elixier, das die Macht hatte, sie für immer und ewig in ein normales Mädchen zurückzuverwandeln. Wenn Foxie das Elixier trank, würde sie dieses aufregende Gefühl niemals wieder erleben. Trank sie es nicht, hatte sie nichts mehr mit ihren Freunden gemeinsam und würde sie verlieren. Am Kapitelende befand sich Foxie in einer Zwickmühle, in der sie nur verlieren konnte, und beschloss, darüber zu schlafen.

Nachdem Ruthie den Text korrigiert hatte, lud sie ihn auf der TSF-Webseite hoch. Sie war genauso verwirrt wie das arme Werfuchs-Mädchen. Aber als Autorin war Ruthie dafür verantwortlich, Foxie wieder aus diesem Schlamassel herauszuholen. Wenn sie doch nur gewusst hätte, wie! Dann hätte sie auch sich selbst helfen können.

»Hey.« Ihre Mutter öffnete lächelnd Ruthies Zimmertür. Sie trug keine Kontaktlinsen, sondern ihre Brille und eine Jogginghose. So mochte Ruthie ihre Mom am liebsten. Es bedeutete, dass Dr. Fran keine Bereitschaft hatte, sondern den ganzen Abend über zu Hause bleiben würde.

»Komm, setzen wir uns ein bisschen zusammen.«
Ruthie ließ sich neben ihr aufs Bett fallen.

»Wie läuft es so?«, fragte ihre Mom. Zwischen ihren Brauen hatten sich zwei tiefe Sorgenfalten gebildet.

»Bestens, wieso?«

»Ich habe gerade das letzte Kapitel von *Foxie, das Werfuchs-Mädchen* auf dem Elternportal gelesen und ...«

»Jetzt schon? Ich hab's doch gerade erst hochgeladen!«

Fran legte Ruthie die Hand aufs Knie, so wie sie es bei kranken Kleinkindern machte, die Angst vor dem Arzt hatten. Kein Wunder, dass sich die Eltern auf Yelp überschlugen vor Lob für ihre einfühlsame Art. Ihre Berührung verströmte Wärme, ihr Blick Mitgefühl. *Dein Schmerz ist mein Schmerz*, sagte er. Sie war ganz bei der Sache.

»Ich mache mir Sorgen um Foxie. Sie wirkt ... durcheinander.«

Ruthie seufzte vor Erleichterung, dass es hier nicht um sie selbst ging. »Ist sie ja auch.«

»Und weswegen?«

Ruthie sah ihrer Mom tief in die grünbraunen Augen. *Im Ernst? Da kommst du nicht selbst drauf?* »Entweder ihr Hirn ist glücklich oder ihr Herz. Nie sind beide gleichzeitig glücklich.«

Fran lachte leise, aber es klang nicht fröhlich.

»Was ist so witzig?«

»Du hast gerade den inneren Konflikt aller berufstätigen Mütter beschrieben.«

»Ich? Wieso?«

»Wenn ich bei meinen Patienten bin, kann ich nicht bei dir sein. Wenn ich bei dir bin, kann ich meinen Patienten nicht helfen. Egal, bei wem ich bin, immer enttäusche ich jemanden. Es ist schwer, das Gleichgewicht zu finden.«

»Und wie machst du das?«

»Ich gebe bei der Arbeit mein Bestes, und wenn ich bei deinem Dad und dir bin, mache ich dasselbe.«

»Und wenn du dich entscheiden müsstest? Wen würdest du wählen?«

»Mein Herz. Also dich.«

»Dann findest du also, Foxie sollte das Elixier trinken und wieder menschlich werden?«

»Kommt drauf an«, sagte ihre Mom. »Fällt es Foxie schwer, sich an ihr neues ... ähm ... Leben als Raubtier anzupassen?«

»Was meinst du mit anpassen?«

»Na ja, für sie ist das ja eine große Veränderung, und vielleicht überrollt sie das einfach. Wenn das der Fall ist, sollte sie sich erst mal gedulden. Mit der Zeit wird sie sich schon noch dran gewöhnen.«

»Sie hat aber keine Zeit, das ist ja das Problem. Ihre Freunde sind nicht nachtaktiv. Sie haben einen völlig anderen Lebensrhythmus. Foxie sieht sie kaum noch, und irgendwann werden sie sich ganz aus den Augen verlieren.«

»Vielleicht findet Foxie ja neue Freunde. Solche, die auch Werfüchse sind.«

»Sie will aber keine Werfuchs-Freunde. Sie will ihre ganz normalen Freunde.«

»Mehr als sie Eichhörnchen jagen und durch die Nacht streifen will?«

»Ja.«

»Dann sollte Foxie das Elixier trinken.«

»Ehrlich?«

»Unbedingt! Wieso sollte sie sich weiter unglücklich machen, wenn sie mit der Situation nicht zurechtkommt?«

Ruthie empfand das plötzliche Bedürfnis, Foxie zu verteidigen. Natürlich kam Foxie zurecht! Sie vermisste bloß ihre Freunde.

»Ich bin ja keine Schriftstellerin«, fuhr ihre Mom fort, »aber ich weiß, dass es einen Unterschied gibt zwischen dem, was eine Figur will, und dem, was sie braucht. Foxie zum Beispiel will vielleicht ein Werfuchs-Mädchen bleiben, weil es sich aufregend anfühlt, braucht in Wahrheit aber mehr Zeit mit ihren Freunden, weil die sie glücklich machen. Verstehst du?«

»Jepp.« Ruthie umarmte ihre Mom so stürmisch, dass sie rückwärts aufs Bett kippten. Ganz nebenbei hatte ihre Mom den Code für Ruthies persönlichen Escape Room geknackt.

Jetzt musste Ruthie ihn nur noch eintippen, die Tür öffnen und gehen.

12. KAPITEL

Es war jetzt sechs Tage her, dass Drew im Kino neben Fonda gesessen und behauptet hatte, sie sei über Will hinweg. Und sie gab sich auch wirklich alle Mühe. Suchte sie insgeheim immer noch nach ihm? Vor der Schule, auf dem Flur, in der Mittagspause, nach der Schule und auf dem Heimweg mit Fonda und Ruthie? Ja. Schließlich war sie auch nur ein Mensch. Aber wenn sie Will wirklich mal entdeckte, sagte sie nicht Hallo, winkte nicht, lächelte nicht mal. Das war doch schon ein Fortschritt! Ein Fortschritt, der sich allerdings jedes Mal anfühlte wie ein Tritt in die Magengrube.

»Vielleicht hat ja dieser Henry was damit zu tun«, sagte Drew, ehe ihre Freundinnen wegschlummern konnten. Heute fand das Freitags-Sleepover bei ihr statt, und sie hatte beschlossen, dass sie deswegen das Recht auf einen kleinen Ausrutscher hatte.

»Womit?«, fragte Fonda und wendete ihr Kopfkissen auf die kühle Seite.

»Damit, dass Will so komisch war. Du hast ja selbst gesehen, wie Henry Will angeschaut hat, als ich meinte, dass wir uns aus dem Camp kennen. Als ob es komisch wäre, dass wir uns schon kennen.«

»Wer ist Henry?«, murmelte Ruthie. Sie klang ein bisschen beleidigt. »Warum weiß ich nichts von ihm?«

»Henry ist ein Freund von Will«, sagte Drew, die selbst ein bisschen beleidigt war. Das hatte sie doch alles schon vor Wochen erklärt! »Jedenfalls ist Henry vielleicht sauer, weil Will ihm nicht erzählt hat, dass wir uns kennen …«

»Warum sollte er deswegen sauer sein?«

»Keine Ahnung, genau das versuche ich doch rauszufinden.«

»Hmmmm«, machte Ruthie. Sekunden später begannen sie und Fonda, im selben Rhythmus zu atmen, was eher weniger optimal war. Wenn sie jetzt einschliefen, ohne die Sache aufzuklären, würden sie erst am Samstag weiterreden können. Aber dann war Drew nicht mehr Gastgeberin und hatte kein Recht mehr auf Ausrutscher.

»Ich dachte, vielleicht skate ich morgen ein bisschen auf dem Schulgelände. Was meint ihr, soll ich Hallo sagen oder ihn ignorieren, falls er auch da ist und Zombie spielt?«

Keine Antwort.

»Ich meine, ich will ja nicht, dass er denkt, ich stehe noch auf ihn. Tu ich nicht. Aber …«

»Mann!«, kam es unter Fondas Bettdecke hervor.

Drew lächelte. Endlich mal eine Reaktion. »Ich bin auf dem richtigen Weg, oder?«

»Du bist vor allem eins: nervig!«

»Das war gemein«, murmelte Ruthie im Halbschlaf.

»Nein, Ruthie. Gemein wäre es, zuzulassen, dass unsere Freundin sich wegen eines Typen rumquält, der es nicht wert ist.«

»Aber was, wenn er es doch wert ist und einfach nur … irgendwie schräg war?«, warf Drew ein.

»Wenn dir jemand sein wahres Gesicht zeigt, solltest du nicht wegsehen.«

»Aber ich schaue doch hin!«, sagte Drew und dachte wieder an die fünf Gründe. »Und was ich sehe, ist ein Typ, mit dem man total viel Spaß haben kann.«

»Aber ihr hattet keinen Spaß, Drew. Er war einfach nur schräg. Hast du selbst gesagt.«

»Ich meinte doch nicht, dass er schräg *ist*, sondern dass er an dem Tag schräg *drauf* war! Das ist was anderes.«

Fonda ließ sich nach hinten fallen und drückte sich das Kissen aufs Gesicht. »Ich geb's auf. Gute Nacht.«

Drew lag da und starrte so lange an die Decke, bis die Leuchtsticker, die Ruthie, Fonda und sie als kleine Kinder dorthin geklebt hatten, langsam verblassten. Da war mehr zwischen Will und ihr. Das wusste sie einfach. Genauso wie sie wusste, dass sie beim Skaten irgendwann mit

Doug würde mithalten können oder dass sie später mal Krankenschwester werden wollte. Denn da war so eine leise, zuversichtliche Stimme in ihr, die sagte: *Du weißt es, Drew.*

Dagegen wusste sie *nicht*, weshalb ihre Freundinnen an ihr zweifelten. Warum sie ihr nicht glaubten, dass sie mit ihrem Gefühl richtiglag.

»Alles in Ordnung?«, fragte Drew am nächsten Morgen, als sie sich auf der Veranda von Fonda verabschiedete. Am Himmel hingen delfingraue Wolken, so drückend wie die befangene Stimmung zwischen den Mädchen.

»Klar, was soll sein?«

»Keine Ahnung«, sagte Drew, weil sie es wirklich nicht wusste. Sie wusste nur, dass Fondas Blick ganz weit weg wirkte, als sie mit den Freundschaftsarmbändern an ihrem Handgelenk herumspielte. »Ihr wolltet beide los. Normalerweise gehen wir doch immer ins Kino oder radeln in die Stadt oder …«

»Ich muss Hausaufgaben machen«, sagte Ruthie. »Ich baue 3-D-Modelle der zweiatomigen Moleküle. Das macht Spaß, aber trotzdem … Es sind sieben, das ist eine Menge Arbeit.«

»Und ich muss mit meiner Mom zu einem Vortrag. *Feminismus und seine Grenzen.*«

Drew seufzte. Sie fühlte sich genauso wie damals, als Will sie ignoriert hatte. Nur dass es hier nicht um Will ging, sondern um ihre besten Freundinnen. Klar kam es

hin und wieder vor, dass eine von ihnen samstags was anderes vorhatte, aber beide auf einmal? Niemals!

»Der totale Horror«, murmelte sie.

Fonda zuckte mit den Achseln. »Schätze schon.«

Schätze schon?! Wie konnte ein Feminismusvortrag nicht der totale Horror sein, wenn man stattdessen im Perlenladen Halsketten basteln oder heiße Schokolade trinken konnte, während man überlegte, welchen Stars die Kunden im Coffeeshop ähnlich sahen?

Stattdessen gingen sie nun getrennter Wege.

Mal wieder.

»Und jetzt hochflippen!«, rief Doug eine halbe Stunde später. Sein hellbraunes Haar war mit viel Mousse zu einem »natürlichen« Durcheinander gestylt, und er trug neue Boardshorts, dafür aber kein Shirt. Drew verzichtete darauf, ihn darüber aufzuklären, dass Winfrey nicht zu Hause war, weil Joan ihre drei Töchter zu der Vorlesungsreihe »Feminismus im Herbst« geschleppt hatte. Sonst wäre er nämlich sofort zum Strand aufgebrochen und Drew hätte den Samstag allein verbringen müssen. Heute konnte nicht mal ihre Lieblingskrankenhausserie auf Netflix sie aufheitern. Sie brauchte Gesellschaft und ein Skateboard. Punkt.

»Aber ich flippe doch hoch!«

»Nee, du flippst nach unten!«

»Stimmt nicht!«, widersprach Drew. »Schau.« Sie drückte ihr Brett mit dem Backfoot am Tail nach unten,

zog den Frontfoot nach hinten, sprang ab – und landete auf dem Hintern. Ihr Brett rollte in Richtung Ruthies Auffahrt davon. Sie stöhnte. Den Trick hatte sie doch schon seit Monaten auf dem Kasten! Was war nur los?

»Das war kein Flip«, sagte Doug, »das war ein Flop. Was ist los mit dir?«

Als Drew nicht antwortete, warf er einen Kiesel nach ihrem Schuh. Als sie immer noch nicht reagierte, schickte er eine ganze Handvoll hinterher.

»Mann, was soll das?«

Doug legte sich neben sie und verschränkte die Arme hinterm Kopf, als würde er auf einem Sofa liegen und nicht in der Sackgasse der Verzweiflung. »Komm schon, erzähl.«

»Was denn?«

»Warum du schon den ganzen Vormittag über so deprimiert durch die Gegend schleichst.« Seine Armhaare schimmerten golden, genauso wie die Stoppeln auf seinem Kinn. »Mädchen- oder Jungskram?«

»Mädchenkram.«

Dougs Wangen verfärbten sich rosa. »Oh. Dann solltest du besser mit Mom reden.«

»Doch nicht solcher Mädchenkram.« Drew kicherte. »Mädchenkram wegen Jungskram.«

»Na dann, schieß los.« Doug setzte sich auf und rieb sich die Hände.

Zuerst erzählte Drew ihm von Will und den fünf Gründen, aus denen er ihr wichtig war. Innerlich wappnete sie sich für den Teil der Geschichte, bei dem ihr klamm ums

Herz wurde. »... und als ich ihn dann in der Schule wiedergesehen habe, hat er so getan, als würde er mich nicht kennen.«

»Hatte er seine Kumpels dabei?«

»Einen.«

»Und du?«

»Nur Fonda.«

Doug sprang auf. »Das erklärt alles.«

»Glaubst du, er hat ein Problem mit Fonda?«

»Nein.« Er zog Drew auf die Beine. »Es ist egal, wer bei dir war. Wichtig ist, dass du nicht allein warst. Deswegen hat er einen auf cool gemacht.«

»Er war aber nicht cool. Er war total uncool.«

»Cool im Sinne von, dass er so tut, als würde er dich nicht kennen. Nicht cool wie ich.« Er zwinkerte. »Das ist ein Unterschied.«

»Zwinkern ist mega uncool.«

»Sagt das Mädchen, das am Samstagnachmittag mit seinem Bruder rumhängt.«

Drew boxte ihm in den Arm.

»Als ich von der St. Andrew weg und auf eine Öffentliche bin, war ich auch erst mal völlig durch. Hat eine Weile gedauert, bis ich kapiert hab, wie's läuft.«

»Na toll. Und was hast du so kapiert?«, fragte Drew. Sie hörte selbst, wie ungeduldig sie klang. »Abgesehen davon, dass deine kleine Schwester *total durch* ist.«

»Ich hab kapiert, dass ...« Doug trommelte sich auf die Oberschenkel, um die Spannung zu erhöhen.

♡

117

Drew boxte ihn noch mal. »Jetzt sag schon!«

»... dass Will nicht schräg ist, sondern schüchtern. Bäm!« Doug machte einen Satz rückwärts, wie immer, wenn er eine seiner Wahrheitsbomben platzen ließ. Als wolle er ihr Platz für die Landung machen.

»Schüchtern?«

»Jepp, schüchtern. Schüchtern und nervös. Jungs haben panische Angst davor, sich vor Mädchen zu blamieren. Und noch mehr Panik haben sie davor, sich vor ihren Kumpels zu blamieren.«

»Warum?«, fragte Drew. Wie konnte man sich vor seinen eigenen Freunden blamieren? Wenn ihr irgendwas Peinliches passierte, bauten Fonda und Ruthie sie danach wieder auf und machten sich nicht über sie lustig. Na ja, zumindest war das früher so gewesen.

»Jungs leben dafür, sich gegenseitig fertigzumachen.«

»Und was soll ich jetzt machen? Ihn auch fertigmachen?«

Doug lachte. »Nein, im Gegenteil. Geh zu ihm, wenn er allein ist, und finde raus, ob er dann netter zu dir ist. Falls ja, spiel keine Spielchen. Sei einfach auch nett. Er muss wissen, dass er dir vertrauen kann. Dass du nicht vorhast, ihn zu blamieren. Wenn du dich an die paar einfachen Regeln hältst, spielt ihr garantiert schon bald zusammen Zombie.«

»Woher willst du das wissen?«

»Wer würde sich schon die Gelegenheit entgehen lassen, dich vom Skateboard zu schubsen?« Er grinste breit.

♡
118

Drew fragte lieber nicht, was sie machen sollte, falls Will nicht netter zu ihr war. Weil sie beschlossen hatte, dass Dougs Plan funktionieren würde. Wo ein Will war, da war auch ein Weg!

13. KAPITEL

Football.

Es kam so gut wie nie vor, dass eine der Miller-Frauen das Wort in den Mund nahm. Aber jetzt, eine Woche vor dem großen Spiel zu Ehren der ehemaligen Highschool-Schüler und dem anschließenden Homecoming-Ball, gab es für Winfrey und Amelia kein anderes Thema mehr. Statt wie sonst am Sonntag zu surfen oder Volleyball zu spielen, hatten sie das Wohnzimmer gemeinsam mit drei Freundinnen in ein Spa verwandelt. »Punkte holen« bedeutete für sie, auf der Tanzfläche allen Anwesenden die Köpfe zu verdrehen. Und das schien ihrer Meinung nach mit freien Poren einfacher zu sein.

Fonda stand in der Küche und machte Popcorn, Kern für Kern. Sie wollte Zeit schinden, um ihre Schwestern auszuspionieren, ohne dass es so wirkte, also würde sie sie … na ja, ausspionieren. Moralisch vermutlich nicht ganz einwandfrei. Aber nach ihrem gescheiterten Versuch, eine einflussreiche Clique zu gründen, der Nicht-Einladung zur Party der Avas und dem superseltsamen Sleepover mit ihren sogenannten Nesties spielte Moral für Fonda gerade eine untergeordnete Rolle. Sie musste ihre verkümmernden Freundschaften retten!

Wann war alles so aus der Bahn geraten? Beim Basteln ihrer Wunschcollage war sie noch sicher gewesen, dass alles möglich war. Nein, nicht nur möglich – sogar wahrscheinlich! Sie hatte praktisch spüren können, wie ihr geglättetes Haar im Wind flatterte, während Ruthie, Drew und sie lachend auf dem Schulgelände herumschlenderten, verfolgt von den neiderfüllten Blicken der Avas. *Wie können wir Teil dieser coolen, stylishen, superwitzigen Clique werden?* schienen ihre herabhängenden Kinnladen zu sagen.

Doch es war anders gekommen – so anders, dass Fonda mal wieder ihren Schwestern dabei zusehen musste, wie sie das Leben führten, das *sie* sich wünschte. Während ihr eigenes immer weiter zerbröckelte. Fonda fühlte sich wie die Maiskörner am Boden ihrer Popcorn-schale, die nicht aufgeploppt waren: vorhanden, aber unerwünscht.

Klar war bei Fondas Tief auch ein bisschen Selbstmitleid im Spiel. Na gut, vielleicht eher eine ganze Menge. Aber mal ehrlich, sie hatte auch allen Grund. Die Übernachtung bei Drew war alles andere als entspannt gewesen, weil

1. Fonda die Geduld mit Drew verloren hatte, weil sie immer noch einem Typen hinterhertrauerte, der so tat, als würde er sie nicht kennen,

2. Ruthie immer tief seufzte, wenn Drew und Fonda Geschichten aus dem Unterricht erzählten,

3. Drew das Thema gewechselt hatte, als Ruthie einen Limerick über das Periodensystem aufsagen wollte, den ihre Freundin Sage verfasst hatte,

4. Fonda froh gewesen war, dass Drew das Thema wechselte, weil sie ein bisschen eifersüchtig war, dass auch Ruthie eine neue Freundin gefunden hatte,

5. am Samstag alle was anderes vorgehabt hatten, was noch NIE vorgekommen war.

Im Grunde verhielten sich die Nachbarsbesties gerade eher wie Nachbarsfeindinnen, und die Vorstellung, ihr gemeinsames Hashtag von »#nesties« in »#neindinnen« umwandeln zu müssen, fühlte sich ungefähr so schlimm an, wie das Wort klang.

Kurz war ihr der Gedanke gekommen, einfach aufzugeben, nach Myanmar auszuwandern und dort mit anderen Freiwilligen Trinkwasserbrunnen zu bauen. Aber gestern bei der Feminismus-Vorlesung hatte eine der

Rednerinnen betont, wie wichtig es war, dass Frauen sich gegenseitig unterstützten. Das gab Fonda Kraft. Nicht genug, um ihr Selbstmitleid in den Griff zu bekommen, aber immerhin genug, um nicht nach Myanmar zu fliehen. Ja, im Augenblick waren die Nesties nicht auf der Höhe, aber Fonda würde ihre verkümmernde Freundschaft wieder aufpäppeln und in den schönsten Farben blühen lassen. Selbst wenn sie dafür angesagte Mädchen wie ihre Schwestern belauschen musste, damit sie herausfand, wie die ihre Freundschaften am Leben hielten.

»Wie lautet unsere Antwort auf den Sneaker-Pakt vom letzten Jahr?«, fragte Winfrey, während sie ihren weißen Nagellack trocken pustete.

»Ähm, ich kapier nicht mal, wie die Frage lautet«, murmelte ihre Freundin Jaymee unter ihrer bröckelnden Tonerde-Maske.

Fonda grinste. Seit einer Weile sagte Winfrey das ständig. *Wie lautet unsere Antwort auf Rucksäcke?* Oder *Wie lautet unsere Antwort auf Rindfleisch?* Damit wollte sie ganz »lässig« darauf hinweisen, dass ein Trend out war und ein Update benötigte. Wofür sie genau die Richtige war. Die Formulierung war ihre »Antwort« auf die Frage *Wie kann ich mich abheben?* Die meisten fanden diesen neuen Tick ziemlich irritierend.

»Die Frage lautet, dass wir letztes Jahr alle in Sneakers zum Ball gegangen sind und uns dieses Jahr was Neues einfallen lassen müssen.«

Das ist keine Frage, dachte Fonda. Aber solche Spitz-

findigkeiten interessierten Winfreys Freundinnen nicht. Ruthie hätte sie dafür geteert und gefedert.

»Hauptsache, keine Absätze.« Amelia tapste in die Frisierecke und begutachtete die Haarfarben. »Wie ich immer sage …«

»… süß darf bequem sein, und bequem ist süß«, vollendeten die anderen Mädchen ihren Satz im Chor.

Fonda tippte PERSÖNLICHEN SPRUCH AUSDENKEN in die Notizen-App in ihrem Handy.

»Wie wär's mit Sandalen?«, fragte Cami und pellte sich eine verrutschte künstliche Wimper vom Augenlid.

»Mööööp«, imitierte Winfrey einen Buzzer. »Zu normal.«

»Flip-Flops?«, schlug Priya vor.

»Total letzter Juli.«

»Gummistiefel?«, sagte Jaymee.

»NL!«, riefen Winfrey und Amelia. NL stand für *nicht lustig* und war ihr Schlachtruf, wenn jemand einen schlechten Witz machte.

»Das war aber ernst gemeint!«

»Oh, Süße«, sagte Winfrey zu Jaymee, die erst vor einem Jahr aus dem verregneten Philadelphia hergezogen war. »Du wohnst jetzt in Kalifornien. Hier regnet es nie. Die Menschen hier besitzen gar keine Gummistiefel.«

Die Mädchen schwiegen und grübelten weiter über die Schuhfrage.

»Und wie wäre es ganz ohne Schuhe?«, fragte Amelia schließlich. »Ein Barfuß-Pakt!«

Ohne zu zögern, hoben die fünf Freundinnen ihre Nagellackfläschchen und stießen an, womit der Beschluss besiegelt war. Sie würden am Freitag barfuß zum Schulball gehen. Am Samstag würde die gesamte Schule darüber reden. Und am Sonntag würden alle anderen auch barfuß herumlaufen. So war das immer mit Fondas Schwestern.

Und mit ein bisschen Glück würde es mit Fonda, Ruthie und Drew eines Tages auch so sein.

Aber wie sollten sie das anstellen?

Fonda, die sich inzwischen unter dem Küchentisch versteckt hatte, tippte gerade PAKTE SCHLIESSEN in ihr Handy, als ihr *die* Idee kam: Am Freitag, wenn ihre Schwestern barfuß auf dem Schulball tanzten und die Avas auf ihrer Party Jungs abcheckten, würde sie Geschichte schreiben. Mit einem legendären Sleepover. Einem Special-Spa-Sleepover. Fonda würde für alles sorgen, vom Maniküre-Set bis zum Schokoriegel. Sie würden Gesichtsmasken anrühren, sich gegenseitig frisieren und künstliche Wimpern ankleben, sich Sprüche ausdenken und Pakte schließen. Niemand würde »NL!« rufen müssen, weil alles, was sie sagten, unfassbar witzig sein würde. Fonda würde ihre Mädels loben und ihnen zeigen, wie unglaublich fantastisch sie waren. Und sie würde beweisen, dass sie zusammengehörten und nichts und niemand – nicht die Avas, kein blöder Vollpfosten und erst recht kein zeitraubendes TSF-Programm – sie auseinanderbringen konnte.

14. KAPITEL

Jeden Donnerstag fragte Rhea in einem Test die Inhalte der vergangenen Woche ab. Sie wollte sichergehen, dass niemand hinterherhinkte. Aus Ruthies Sicht war die Abfrage ein Göttergeschenk. Die Lösung für ihr größtes Problem. Der Schlüssel, um der TSF zu entkommen.

Wie geplant hatte sie als letzte Antwort geschrieben: »Das erste Newtonsche Gesetz lautet Kraft gleich Masse mal Beschleunigung.« Mit zwei Fingern massierte sie sich ihre pochende Schläfe – ein Pochen, das vermutlich *Betrug* in Morsezeichen bedeutete. Weil Ruthie genau wusste, wie das erste Newtonsche Gesetz lautete: *Ein Körper verharrt im Zustand der Ruhe oder der gleichförmig geradlinigen Bewegung, sofern er nicht durch einwirkende Kräfte zur Änderung seines Zustands gezwungen wird.* Aber ihre Ziele hatten sich geändert. Sie wollte nicht mehr glänzen, sondern von hier wegkommen. Deswegen hatte sie ihren Mathe- und Englischtest ebenfalls in den Sand gesetzt.

Die Entscheidung, in den Tests »durchzufallen«, war hart gewesen. Um sie zu treffen, waren unter anderem eine ausführliche Pro-Kontra-Liste und eine tränenreiche Kuschelstunde mit Foxie nötig gewesen. Vorbei die Zeiten, in denen Ruthie nur hatte entscheiden müssen, ob sie mit Fonda und Drew im Perlenladen oder im Fro-Yo-Shop abhängen wollte. Vorbei auch die Zeiten, in denen sie ihre Freundinnen um Rat fragen konnte. Gefühlt zumindest. Das letzte Sleepover war holprig gewesen, und wegen der beiden TSF-Ausflüge und einem fünfseitigen Essay über die Bedeutung staatsbürgerlicher Pflichten hatte Ruthie ihre Nesties diese Woche kaum zu Gesicht bekommen. Morgen Abend fand Fondas »Special-Spa-Sleepover« statt. Bis dahin würde Ruthie ihre Probleme allerdings noch allein lösen müssen.

»Was hältst du von meinem Plan?«, hatte Ruthie sich selbst gefragt.

Kommt drauf an, antwortete sie sich. *Wie viele Pros, wie viele Kontras?*

»Zwei zu zwei.«

Mist. So kommen wir nicht weiter.

»Mein Kopf sagt, ich soll es lassen. Er wird die Gastvorträge vermissen, die Fun Facts und ebenfalls die coolen Spezialhausaufgaben.«

Und dein Herz?

»Sagt, ich soll es machen.«

Du magst die Titanen nicht sonderlich, oder? Sind sie immer noch »foll eifersüchtig« auf deinen Escape-Room-Erfolg?

»Nein, das haben sie mir inzwischen verziehen. Alle sind echt nett zu mir. Everest hat mir sogar gezeigt, wie man auf dem Sitzball das Gleichgewicht hält.«

Und warum willst du dann weg?

Ruthie rieb sich den Bauch, während sie überlegte, was sie antworten sollte. Schon bei der bloßen Vorstellung, Drew und Fonda zu verlieren, wurde ihr flau im Magen. Weil sie mehr waren als nur Freundinnen. Mehr sogar als Nesties. Sie waren das Geschwisterähnlichste, was Ruthie hatte. »Ich habe Angst.«

Ganz tief in dir drin weißt du genau, wohin du gehörst, sagte sie sich. *Folge deinem Herzen.*

Entschlossen hatte sie Foxie gegen ihre Brust gepresst. Ja, sie wusste, was sie zu tun hatte. Und gerade eben hatte sie es tatsächlich getan.

»Der Test war leicht, was?«, sagte Sage, als sich die Titanen vor dem Kühlschrank anstellten, um sich ihr Mittagessen rauszuholen.

Ruthie nickte und wünschte, sie hätte Sage die Wahrheit sagen können. Sie mochte ihre neue Freundin. Allein schon dafür, dass sie die Tests ebenfalls leicht fand. Ruthie wollte nicht angeben, aber manchmal hatte sie es einfach satt, immer so zu tun, als müsse sie sich in der Schule anstrengen, nur um dazuzugehören. Manchmal wollte sie einfach nur darüber ablästern, wie leicht alles war – mit jemandem, dem es genauso ging.

»Hey, wollen wir morgen Abend was machen?«, fragte Sage, als sie sich hinsetzten, um eine Doku über den Klimawandel anzusehen.

Ruthie seufzte. Sie würde den Mittagsunterricht vermissen. Sie würde es vermissen, von Leuten umgeben zu sein, die lieber ein Buch lasen, als einen Film zu sehen, lieber Dokus als Netflix schauten und TED Talks interessanter fanden als die Xbox. Ganz zu schweigen davon, dass sie kurz davor war, den gesamten *Hamilton*-Soundtrack auswendig zu können.

»An sich gern, aber ich bin morgen auf ein Special-Spa-Sleepover eingeladen«, sagte Ruthie. Sie fühlte sich ganz kribbelig, wenn sie daran dachte, wie sie ihren Freundinnen bei heißer Schokolade und buntem Nagellack von ihrem skandalösen Plan erzählen würde. Und der sah so aus: Die Titanen mussten einen Notendurchschnitt von mindestens B+ halten, um im Programm zu bleiben. Ruthie aber würde bald im D-Bereich landen. Also würde Rhea annehmen, dass sie überfordert war, und ihr empfehlen, lieber den normalen Unterricht zu besuchen. Und dann würden sie endlich wieder vereint sein!

»Special-Spa-Sleepover«, wiederholte Sage. »Wahnsinnsalliteration.«

»Stimmt.« Ruthie lachte. Sie würde auch Sage vermissen. Aber im Augenblick malte sie sich lieber aus, wie Drew und Fonda reagieren würden, wenn sie erfuhren,

dass Ruthie absichtlich durch den Donnerstagstest gefallen war.

»Bei wem ist die Party?«, fragte Sage und schob sich eine rosa Haarsträhne hinters Ohr. »Alberta?«

»Nein.«

»Tomoyo?«

»Nein.«

»Moment mal … Du übernachtest ja wohl nicht bei einem Jungen, oder?«, fragte Sage besorgt.

»Igitt, nein!« Ruthie lachte. Es tat gut, dass es außer Drew und Fonda noch jemanden gab, der sich für sie interessierte und wissen wollte, mit wem sie ihre Zeit verbrachte. »Ich hab zwei Freundinnen außerhalb der TSF.«

Sage runzelte die Stirn. »Und hast du noch Zeit, sie zu sehen?«

Bald schon, dachte Ruthie. Denn ab Montag würde sie mit Drew und Fonda Mittag essen, mit Drew und Fonda im Unterricht sitzen und mit Drew und Fonda Hausaufgaben machen. Ab Montag würde es für Ruthie nicht mehr TSF heißen, sondern NFI – Nesties für immer. Ein Programm, an dem sie endlich alle zusammen teilnahmen.

15. KAPITEL

Die Operation »Wo ein Will ist, ist auch ein Weg« war der totale Reinfall.

Weil es zwar jede Menge Will gab, besagter Will aber nie allein war. Während der Mittagspause skatete er mit Henry und nach der Schule holte ihn seine große Schwester mit dem Auto ab. Drew brauchte einen Plan B, und zwar schnell. Aber Doug arbeitete donnerstags im Surf-shop, die Nesties hatten ihr verboten, über das Thema zu sprechen, und ihre Mutter um Rat zu fragen war reine Zeitverschwendung. Was wusste die schon von Jungs?

Lustlos beendete Drew ihre Hausaufgaben und fuhr dann zum Green Gates Skate Park. Dort gab es eine große Bowl. Und wenn sie von Kopf bis Fuß in Protektoren gepackt oben am Rand stand und in den Betonabgrund runterschaute, war da kein Platz mehr für Grübeleien über unerwiderte Gefühle. Dann hatte sie nur noch einen Gedanken im Kopf: den Drop zu überleben. Das und die Tatsache, dass sie wie ein Stormtrooper aussah.

Einer nach dem anderen stürzten sich die Skater über den Rand der Bowl und fuhren ihre Runden. Endlich entdeckte Drew eine Lücke. Sie fixierte ihr Brett hinten mit dem linken Fuß, beugte die Knie, verlagerte ihr Gewicht nach vorn und ließ sich fallen.

»AAAAHHHHHHH!«

Drew war schon Dutzende von Bowls gefahren, aber sie schrie dabei immer noch jedes Mal wie in der Achterbahn. Ohne Schreien machte Skaten nur halb so viel Spaß. Drew liebte riskante Manöver. Bis auf die wenigen Gelegenheiten, bei denen es sie richtig zerlegte. Aber wenn jemandem ein Wipe-out passierte, machte sich keiner lustig. Anders als in der Schule waren Fehltritte hier nicht peinlich. Man stand wieder auf, versuchte es noch mal – oder konnte sich, wie Drew, als Krankenschwester beweisen.

Als sie unten angekommen war, drehte sie die Hüfte, um in die Kurve zu gehen. RUMMS! – Jemand erwischte sie von links und schleuderte sie zu Boden. Der Aufprall hallte dumpf in ihren Ohren wider. Reglos lag Drew auf dem Zementboden und lauschte mit geschlossenen Augen. Gleich würde sie Krankenwagensirenen hören, und durch ihre Lider würde Blaulicht flackern. Wie lange würde es noch dauern, bis der Geschmack von Blut ihren

Mund füllte und man sie auf eine Trage schnallte? Wie lange, bis sie starb und deswegen Fondas Special-Spa-Sleepover verpasste? Drew hoffte, auf der Party was gut machen zu können. Sie wollte Spaß mit ihren Freundinnen haben, statt die ganze Zeit über Will zu grübeln. Vielleicht hatten Fonda und Ruthie ja recht. Vielleicht war es wirklich besser, ihn abzuschreiben. Aber wenn sie tot war, konnte sie doch nicht ...

»Alles in Ordnung?«, fragte eine Jungenstimme. Sie klang rau und vertraut und ziemlich besorgt.

Drews Lider flatterten. Der Junge hatte sich über sie gebeugt. Sein zerzaustes blondes Haar verbarg seine Augen, aber sie spürte seine Sorge.

»Will?«

Auch wenn das total klischeemäßig klang – Drew war sicher, dass sie gerade gestorben und im Himmel gelandet war. Denn wenn man zweieinhalb Wochen lang versucht, mit einem Jungen zu reden, und es einfach nicht klappt, und dann fliegt man so richtig auf die Nase, schlägt die Augen auf, und er ist da – dann ist der Himmel die einzig mögliche Erklärung.

»Tut mir leid«, sagte er. »Ich hab dich erst nicht gesehen, und dann hab ich dich doch gesehen, und dann ...« Er klatschte die Hände zusammen. »BUMM!«

Drew überprüfte seine Knie auf Kratzer und Schürfwunden, die sie verarzten konnte, aber zu seinem Glück trug Will Protektoren.

»Komm, ich helf dir hoch.« Er hielt ihr seine Hand hin.

Sie war warm und weich, nicht zittrig und feucht wie Drews. Als sie wieder auf den Beinen war, ließ er los, aber das Bitzeln, das seine Berührung in ihr ausgelöst hatte, blieb.

Zusammen mit Will hinkte sie zur nächsten Bank, dann rannte er los, um eine Tüte Eiswürfel zu besorgen. Schwester Cate wäre sicher beeindruckt gewesen. Aber Drew blieb skeptisch. Wieso hatte sie erst eine Nahtoderfahrung machen müssen, damit er sie beachtete? Sonderlich beeindruckend fand sie das nicht.

»Mit wem bist du hier?«, fragte er, als er zurückkam. Er setzte sich neben sie und legte seinen Helm auf der Bank ab. »Soll ich irgendwen holen?«

»Ich bin allein«, antwortete sie verlegen. Bestimmt glaubte er jetzt, sie hätte keine Freunde. »Und du?«

»Ich auch.«

»Oh, gut«, sagte Drew. Und dann: »Tut mir leid, meine ich.«

Will wuschelte sich durchs Haar. Es war durch den Helm ganz platt gedrückt und mit Schweiß festzementiert. »Ich muss mich bei dir entschuldigen.«

»Wofür?«, fragte Drew erwartungsvoll. Endlich kam der seltsame Zwischenfall in der Mittagspause zur Sprache.

»Na ja, ich bin in dich reingefahren.«

»Ach, nicht so schlimm.«

Er warf ihr ein total süßes, schiefes Lächeln zu. »Und was tut *dir* leid?«

»Dass du keine Freunde hast.« Sie grinste.

»Ähm«, er sah sich um, »du doch auch nicht.«

»Ganz im Gegenteil, ich hab so viele Freunde, dass Mr. Green Gates sie nicht reinlassen konnte, weil der Park dann total überfüllt wäre.«

Drew war selbst überrascht, wie wohl sie sich in Wills Gegenwart fühlte. Mit ihm rumzuwitzeln fühlte sich überhaupt nicht komisch oder peinlich an. Es war lustig und locker. Wie mit einem alten Freund. Einem ziemlich niedlichen Freund, der immer noch die Muschelkette trug, die er im Familiencamp gebastelt hatte.

»Wie lauten die letzten Worte eines Skaters?«, fragte er.

»Keine Ahnung«, sagte Drew. Das Eis, das sie sich aufs Steißbein drückte, schmolz und rann in kalten Bächlein in ihre Shorts.

»Schau mal meinen krassen neuen Trick, Alter!«

Drew lachte. »Und wie viele Skater braucht man, um eine Glühbirne zu wechseln?«

Er zuckte mit den Achseln.

»Acht. Einen, der die Birne wechselt, und sieben, die das Video posten.«

Sie lachten, aber auf einmal kam Drew sich selbst vor wie ein Witz. Will war nicht schüchtern. Er litt auch nicht an Gesichtsblindheit, und das Levocetirizin zeigte bei ihm keinerlei persönlichkeitsverändernde Wirkung. Er war selbstbewusst und kerngesund. Was bedeutete, dass Fondas Erklärung richtig war: Er interessierte sich nicht für Drew. Aber bis sie das nicht aus seinem eigenen Mund hörte, würde sie es nicht glauben. Weil da dieses unsichtbare Knistern war, das den Raum zwischen ihren Körpern auflud. Und dieses Knistern erzählte eine ganz andere Geschichte.

Warum warst du neulich in der Schule so seltsam? Und ehe du anfängst, solltest du wissen, dass mir jede Antwort recht ist, solange es die Wahrheit ist. Weil nichts so wehtut, wie im Dunkeln zu tappen. Nicht mal die Wahrheit, wollte Drew sagen. Aber sie brauchte keine Expertin für Jungskram zu sein, um zu wissen, dass Doug ihr zum genauen Gegenteil geraten hatte. Will würde sich in ihrer Gegenwart ganz sicher nicht entspannen, wenn sie ihm solche Fragen stellte. Also fragte sie stattdessen, ob er am Samstag mit ihr skaten gehen wollte.

»Äh …« Wills Blick glitt über den Parkplatz, dann fummelte er an dem Klettverschluss seines Handgelenkprotektors herum.

»Schon okay«, sagte Drew hastig, um das verlegene Schweigen zu übertönen. »Hab schon verstanden.«

»Nein, so ist das nicht«, sagte er und spielte weiter mit dem Klettverschluss. »Es ist …«

»Wir können auch wann anders skaten oder nie oder … ach, egal.« Unter Drews Achseln wurde es unangenehm heiß. Seit wann konnte sie nur noch stammeln?

»Nein, ich bin Samstag einfach schon mit Freunden verabredet, das ist alles.« Er blickte auf und sah ihr in die Augen, und das unsichtbare Knistern sprang von dem Raum zwischen ihnen auf Drews Körper über. »Aber gehst du morgen zufällig zu der Party bei den Avas?«, fuhr Will fort.

»Ich bin nicht eingeladen«, sagte Drew. »Ich meine, nicht dass ich ein Loser wäre oder so. Aber ich bin neu auf der Poplar, die drei kennen mich gar nicht. Das ist alles.«

»Dann bist du eben jetzt eingeladen«, sagte Will. »Du kannst mich begleiten, ich stell dich den Avas vor.«

Das Eispack entglitt Drew und rutschte zu Boden. »Echt?«

»Echt.«

Sie war so aufgeregt, als würde sie sich wieder über den Rand der Bowl stürzen. »Okay.«

Will stand auf, dann setzte er sich wieder hin, als wisse sein Körper nicht, was er tun sollte. Irgendwie peinlich und trotzdem total süß.

»Wollen wir uns um sieben am Fahnenmast vor der Schule treffen und zusammen hinfahren?«

Trotz aller blauen Flecken, Kratzer und Beulen hatte Drew sich noch nie im Leben so schön gefühlt.

»Klingt gut.«

Kaum hatten sie sich verabschiedet, sprang Drew auf ihr Brett und raste in einem Tempo los, das sie sich selbst nie zugetraut hätte. Ihre Schmerzen waren wie weggeblasen. Sie konnte es gar nicht erwarten, ihren Freundinnen von dieser neuen Entwicklung zu berichten. Wenn sie ehrlich war, freute sie sich besonders auf die zwei bis drei gut gelaunten »Ich hab's euch ja gesagt«, die sie währenddessen fallen lassen würde. Und dann … WUMMS!

Drews Freude versiegte schlagartig, so als sei sie gegen eine Glaswand gefahren. Nur dass sie nicht gegen Glas geprallt war, sondern gegen die Realität.

Morgen war die Party der Avas. Morgen war Freitag. Und das bedeutete, dass morgen Fondas Special-Spa-Sleepover stattfand.

Und jetzt?

Sollte Drew ihren Freundinnen oder Will absagen? Das Sleepover bei ihrer Freundin oder eine Party mit Jungs verpassen? *Dem* Jungen, wohlgemerkt. Sollte sie ihren Freundinnen sagen, dass sie die Zeit lieber mit Will verbringen wollte oder andersrum? Ganz egal, wie Drew sich entschied, sie würde jemandem wehtun.

Und bei diesem Jemand handelte es sich aller Wahrscheinlichkeit nach um sie selbst.

16. KAPITEL

Die ganze Woche lang ging es in den Unterhaltungen der Achtklässler – ganz egal, mit welchem Thema sie anfingen – früher oder später um die Party der Avas. Eine Party, zu der Fonda nicht eingeladen war. War es nicht genug, dass sie ihr Leben lang von Winfrey und Amelia ausgeschlossen worden war? Musste sie sich jetzt noch ein weiteres Jahr von ihren Mitschülern ausgrenzen lassen? Jedes Mal, wenn jemand das Thema anschnitt – also ständig –, fühlte sich Fonda, als würde jemand ihre Brust mit einem kalten Eislöffel ausschaben.

Sie versuchte, den Schmerz zu lindern, indem sie an das Special-Spa-Sleepover dachte, an Tonerde-Masken, Playlists, Süßigkeiten und Netflix-Filme. Sie versuchte, sich einzureden, dass sie gar keine Lust hatte, sich Gedanken über ihren Look für eine Jungs-Mädchen-Party zu machen. Ihre eigene Mädchen-Mädchen-Mädchen-Party würde viel besser werden. Sie konnte einen bequemen Schlafanzug tragen, laut rülpsen und bei offener Badezimmertür pinkeln. Aber egal, was Fonda sich einzureden versuchte – sie kam einfach nicht darüber hinweg, dass die Party der Avas ohne sie stattfinden würde. Die Vorfreude breitete sich in der Schule aus wie eine Läuseplage.

Vorhin im Bio-Unterricht zum Beispiel:

Mr. Burman: Wer kann einen Satz mit dem Wort Photosynthese bilden?
Maya im Flüsterton zu ihrer Freundin Dani: Wir machen heute Abend total krasse Photos-ynthese auf der Party der Avas.

Oder vorhin in der Pause:

Achtklässlerin: Wie viele Avas braucht man, um eine Party zu schmeißen?
Freundin: Keine Ahnung. Wie viele denn?
Achtklässlerin: Drei.
Freundin: Ich kapier den Witz nicht.
Achtklässlerin: War ja auch keiner. Man braucht sie echt alle drei.
Freundin: Das heißt, es wird dreimal so krass.
Achtklässlerin: Ich weiß. O Mann, ich freu mich so!

Oder vorhin in Englisch:

Ms. Silver: So, es hat geläutet. Viel Spaß auf Avas Party heute Abend.

Im Umkleideraum der Turnhalle riss Fonda sich wütend die Sportuniform vom Leib. Wenn noch eine einzige Ava auch nur ein Wort über ihre verdammte Party verlor, würde Fonda auf der Stelle grüne Pickel kriegen!

»Frage«, sagte Ava H., holte einen kleinen Taschenspiegel aus ihrem Rucksack und begann, ihre falschen Wimpern mit einem winzigen Kamm zu bearbeiten. »Weiß jemand, ob Henry Goode heute kommt?«

»Seine Mom hat Geburtstag«, sagte Ava G. Ihre hohe Stimme hallte von den schmuddelig-weißen Kacheln wider. »Ich würde also eher nicht mit ihm rechnen.«

»Dann sollte *er* besser nicht damit rechnen, dass ich ihn süß finde«, sagte Ava H. zu ihrem Spiegelbild. »Er ist Goode, aber so gut dann auch wieder nicht.«

Sie kicherten und klatschten sich ab, während Fonda im Eiltempo ihre Sneakers zuband.

»Outfit-Update!«, verkündete Ava G.

Die beiden anderen setzten sich auf die hölzerne Umkleidebank und sahen Ava G. erwartungsvoll an.

»Meine Mom hat Ja zu dem Goldkleid gesagt!«

Ava R. applaudierte. »Welche Schuhe?«

»Die Highschool-Mädels gehen dieses Jahr barfuß zum Ball. Ich dachte, ich versuch das auch mal.«

Ava R. drehte sich zu Fonda um. »Stammt die Idee eigentlich von deinen Schwestern?«

Fonda knallte ihren Spind zu und tat so, als hätte sie nichts gehört.

»Und dein Look?«, fragte Ava R. weiter, diesmal etwas lauter.

Fonda schaute runter auf ihr Sweatshirt mit den selbst gemachten Bommeln und die Leggins mit Leo-Muster. »Ich weiß, ist wahrscheinlich ein bisschen zu viel des Guten, aber ich habe gestern Abend eine Klebstoffpistole gefunden und …«

»Zu viel des Guten? Wieso?«, fragte Ava H. »Du bist voll Harry!«

»Stimmt«, sagte Ava G. »Die Queen des Styles.«

Oh. »Bin ich?«

Die Avas nickten.

»Aber eigentlich«, sagte Ava R., »meinte ich deinen Look für heute Abend.«

»Heute Abend?« Fonda stellte sich vor, wie sie in ihrer Flanellschlafanzughose und einem ausgewaschenen Meghan-Trainor-Tanktop auf ihrem Bett lungerte.

»Ja, heute Abend.«

»Was ist denn heute Abend?«

»Voll witzig«, sagte Ava G., dann bemerkte sie Fondas verwirrten Gesichtsausdruck. »Unsere Party, Harry Styles!«

»Eure Party?«

»Ja! Du kommst ja wohl, oder?«

»Ähm …« Fonda spielte nervös mit ihren Freund-schaftsarmbändern herum. War ihr was entgangen? »Aber ich steh doch gar nicht auf eurer Liste!«

Die Avas lachten.

»Die Listen sind doch nur für Gäste«, sagte Ava G. »Und du bist kein Gast. Du bist praktisch eine von uns.«

Fonda suchte ihre Gesichter nach Anzeichen von Un-aufrichtigkeit ab – Seitenblicke oder gemeines Gekicher. Eine von ihnen würde doch garantiert gleich »War nur ein Witz« rufen. Aber die Avas nickten freundlich.

»Im Ernst?«

»Du hast uns die Tagetäschchen geschenkt«, sagte Ava R. »Das ist so was wie eine Partyeinladung auf Le-benszeit.«

»Das wusstest du doch, oder?«, sagte Ava H. zu ihrem Taschenspiegel, während sie sich Glitter auf die Lider tupfte.

Fondas Herz hörte auf zu hämmern und wurde ganz groß und weit. Sie war eingeladen.

Sie war eingeladen.

SIE WAR EINGELADEN!

»Pfft, klar.« Ihre Wangen brannten. Ein bisschen, weil sie *pfft* gemacht hatte, vor allem aber, weil sie eine ganze Woche darauf verschwendet hatte, beleidigt und wütend auf die Avas zu sein. Von wegen Harry Styles. Wohl eher Harry Hass!

»Also, was ziehst du an?«

»Das wird eine Überraschung.« Was Besseres fiel Fonda auf die Schnelle nicht ein. Was sollte sie anziehen? Wie sollte sie auf die Party kommen? Was sollte sie zu den Jungs sagen? Würde getanzt werden? Würde jemand sie auffordern? *Wollte* sie überhaupt aufgefordert werden? Und was, wenn …

Das Gedankenkarussell in Fondas Kopf stoppte mit einer kreischenden Vollbremsung. *Das Sleepover!*

Was sollte sie ihren Freundinnen sagen? *Wie* sollte sie es ihren Freundinnen sagen? *Wann* sollte sie es ihren Freundinnen sagen? Würden sie wütend sein oder Verständnis haben? Würden sie mitkommen wollen? *Durften* sie mitkommen?

»Kurze Frage«, sagte Fonda, als die Avas ihre Rucksäcke schulterten. »Kann ich zwei Freundinnen mitbringen?«

Die Avas wechselten einen Blick.

»Sie sind beide neu hier«, fuhr Fonda fort. »Aber ich kenn sie schon mein ganzes Leben und leg meine Hand für sie ins Feuer.«

»Mir würde es nichts ausmachen, aber meine Mom ist total streng wegen der Gästezahl«, sagte Ava G. und zog einen Flunsch. »Tut mir leid, nächstes Mal vielleicht.«

Aber »nächstes Mal« würde Fonda nicht helfen. Zum ersten Mal in ihrem Leben hatte sie zwei Verabredungen für denselben Abend – und keine Ahnung, für welche sie sich entscheiden sollte.

Als die Mädchen nach der Schule in ihre Straße abbogen, legte sich Fonda die Hand auf den Bauch und krümmte sich. Die Schmerzen waren heftig. Heiß, wummernd, unheilverkündend. Nur dass sie nichts mit ihrem Bauch zu tun hatten, wie Fonda ihren Freundinnen weismachen wollte. Die Schmerzen waren überall und lasteten so schwer und drückend auf ihrer Seele, wie Lügen das nun mal taten.

Den ganzen Nachmittag über hatte Fonda sich den Kopf zerbrochen, was sie tun sollte. Erst hatte sie überlegt, ihren Nesties einfach die Wahrheit zu sagen – dass sie nämlich von Anfang an eingeladen gewesen war und es einfach nicht kapiert hatte. Dass diese Party eine einmalige Sache war, ihr Sleepover dagegen jede Woche stattfand. Dass es gut für sie alle war, wenn Fonda hinging, weil sie nächstes Mal vermutlich auch eine Liste schreiben dürfte und Drew und Ruthie ganz oben stehen würden.

Trotzdem wusste Fonda ganz genau, dass es die richtige Entscheidung gewesen wäre, bei ihrer Verabredung mit den Nesties zu bleiben. Aber sie wusste auch, wie lange sie schon von Leuten wie ihren Schwestern und den Avas akzeptiert werden wollte. Und jetzt, wo es endlich so weit war, konnte sie nicht einfach ablehnen. Diese Party war vielleicht die einmalige Gelegenheit, die ihr Glückskeks vorhergesagt hatte. Und musste man bei einmaligen Gelegenheiten nicht, ohne zu zögern, zugreifen?

Aber wenn Fonda erzählte, dass sie eingeladen war, würde unweigerlich herauskommen, dass Ruthie und

Drew *nicht* eingeladen waren. Und Fonda wusste aus eigener Erfahrung, dass das schlimmer war, als belogen zu werden. Das wollte sie ihren Nesties ersparen. War es da nicht besser zu lügen?

Und so krümmte Fonda sich noch ein bisschen mehr zusammen. »Autschie!«

»Was ist los?«, fragte Drew.

»Mein Bauch«, stöhnte Fonda. »Ich renne schon den ganzen Nachmittag ständig aufs Klo.«

»Was hast du denn gegessen?«, fragte Ruthie besorgt.

»Hühnchen, ich glaub, das war nicht mehr gut«, sagte Fonda, und eine neue Welle an Schuldgefühlen brach über sie herein.

Plötzlich guckte Drew ganz komisch, und im nächsten Moment krümmte sie sich ebenfalls zusammen.

»Mir geht's genauso.« Sie rieb sich den Bauch. »Ich hatte auch Hühnchen.«

»Ich dachte, das war Lachs«, warf Fonda ein und überlegte, wie Drew es geschafft hatte, sich eine erfundene Magenverstimmung zuzuziehen.

»Nein, das war Hühnchen. Es sah nur aus wie Lachs.« Drew krümmte sich erneut. »O Mann, wie konnte ich nur so blöd sein, rosa Hühnchen zu essen?«

Ruthie riss ihre blauen Augen auf. »Wartet hier, ich laufe los und hole eure Moms.«

Drew wedelte hastig mit der Hand, als sei ihr ein schlechter Geruch in die Nase gestiegen. »Das passt schon, den Heimweg schaffe ich.«

»Ich auch«, sagte Fonda. »Aber ich fürchte, ihr könnt heute nicht bei mir übernachten.«

Ruthie stand die Enttäuschung ins Gesicht geschrieben. »Aber ich wollte euch heute Abend ein Geheimnis erzählen!«

Fonda blieb stehen und ließ sich dramatisch gegen einen Briefkasten sinken. Wie zur Strafe grub sich die Metallkante schmerzhaft in ihren Rücken. »Kannst du uns dein Geheimnis nicht einfach jetzt verraten?«

»Auf keinen Fall.« Ruthie flüsterte wie eine CIA-Agentin. Eine sehr untalentierte Agentin. »Es handelt sich um ein Geheimnis, das unter dem schützenden Mantel der Dunkelheit erzählt werden muss.«

»Ich seh das wie Fonda«, sagte Drew, die sich inzwischen nur noch unter Mühen vorwärtszuschleppen schien. »Aus der Party heute wird nichts.«

Ruthie runzelte die Stirn. »Aber wir haben noch nie ein Sleepover abgesagt.«

»Es hatten ja auch noch nie zwei von uns gleichzeitig eine Lebensmittelvergiftung«, warf Drew ein.

»Ich hab eine Idee!«, sagte Fonda. »Was, wenn wir das Sleepover einfach auf morgen verschieben?«

Die Lösung war perfekt. Warum war sie nicht schon eher darauf gekommen? Sie konnte heute Abend auf die Party gehen, Drew hatte Zeit, sich von ihrer echten Lebensmittelvergiftung zu erholen, und sie würden ihr Special-Spa-Sleepover einfach vierundzwanzig Stunden später veranstalten.

»Wir können kein Freitags-Sleepover an einem Samstag machen«, beharrte Ruthie.

»Wen interessiert schon der Wochentag, solange wir zusammen sind?«, fragte Fonda und simulierte den nächsten Krampf. »Oh-oh, ich glaub, ich muss los. Und zwar schnell.«

Und damit rannte sie nach Hause, ohne sich noch einmal umzudrehen. Sie konnte Ruthies Enttäuschung nicht länger mit ansehen. Schließlich war *sie* für diese Enttäuschung verantwortlich. Aber gleich morgen würde Fonda alles wiedergutmachen und ein spektakuläres Special-Spa-Sleepover schmeißen. In der Zwischenzeit würde sie herausfinden, wie die angesagten Mädchen lebten, feierten und mit Jungs flirteten – und dafür sorgen, dass Ruthie, Drew und sie den Rest des Jahres über auf jeder Gästeliste standen. Wenn sie das erst mal geschafft hatte, würde sich keiner mehr dafür interessieren, dass sie gelogen hatte.

Weil sich dann die gesamte Schule nur noch für die Nesties interessierte.

17. KAPITEL

»Hausaufgaben? Am Freitagabend?«, fragte Ruthies Vater Steven, als er in ihr Zimmer kam, gefolgt von ihrer Mutter, die in eine würzig-kirschige Parfumwolke gehüllt war. Ruthies Vater trug einen Smoking, ihre Mutter ein dunkelblaues Satinkleid. Die beiden sahen ausnahmsweise mal nicht wie Eltern, sondern wie normale Menschen aus.

Ruthie klappte ihren Laptop zu und drehte sich mit einem unechten Bei-mir-ist-alles-bestens-Grinsen zu ihnen, das viel anstrengender war als ihre Hausaufgaben. Denn innerlich war sie deprimiert, weil es ihren Freundinnen so schlecht ging und ihr Treffen ins Wasser fiel. Ein Glück, dass Rhea den Titanen gerade beibrachte, wie man einen Roman schrieb. Die Figuren, die Ruthie sich für *Foxie, das*

Werfuchs-Mädchen ausgedacht hatte, waren heute nämlich ihre einzige Gesellschaft.

»Ist es dir zu viel?«, fragte Fran besorgt.

»Ach, nur ein bisschen«, erwiderte Ruthie. Sie mochte es nicht, wenn ihre Mutter Parfum trug. Davon bekam sie Kopfschmerzen. »Nächstes Mal reicht vielleicht ein Spritzer statt zwei.«

»Nein.« Fran lachte. »Ich meinte die TSF. Wir wollen, dass du dich gefordert fühlst, nicht überfordert.« Sie setzte sich auf Ruthies Schreibtischkante und schlug die Beine übereinander. »Weißt du noch, unser Gespräch über Foxie? Ob sie ihrem Kopf oder ihrem Herzen folgen soll? Könnte es sein, dass es dabei auch ein bisschen um dich ging? Es wirkt nämlich so, als ob sie ähnliche Probleme hätte wie du.«

»Quatsch, ich hab doch gar keine Lykanthropie«, sagte Ruthie abwehrend. Ja, sie wusste, dass Lykanthropen sich in der Regel in Wölfe verwandelten und Foxie ein Fuchs war. Aber ihre Mutter wusste es nicht, und da Ruthie das Wort fast so toll fand wie »Myriaden«, verwendete sie es trotzdem.

Ihre Mom seufzte tief. »Zugegeben, das war ein schlechter Vergleich. Aber dein Dad und ich machen uns Sorgen, dass dich das Arbeitspensum in der TSF-Gruppe … na ja, überfordern könnte.«

»Wie kommt ihr darauf?«, fragte Ruthie. Sie war nicht ganz sicher, ob sie jetzt beleidigt oder erleichtert sein sollte.

»Na ja, du wirkst in letzter Zeit oft so niedergeschlagen. Ist dir das alles zu viel?«

Ruthies Blick glitt über die Puzzles an den Wänden, die Regale voller Brettspiele und Pokale von Buchstabierwettbewerben … alles Beweise dafür, dass ihr Gehirn die TSF brauchte. Aber ihre Mom hatte gesagt, dass das Herz wichtiger war. Also hielt Ruthie sich an ihren Plan und sagte: »Es ist schon hart, aber ich gebe mein Bestes.«

»Dein Bestes ist mehr als genug.« Ihr Dad drückte ihr einen Kuss auf die Stirn. »Ich bin stolz auf dich.«

Darüber reden wir am Montag noch mal, wenn ich mein Testergebnis bekommen habe, dachte Ruthie. In ihr krampfte sich alles zusammen, so schlimm waren die Schuldgefühle. Sie hasste es, ihre Eltern zu belügen, hasste es, so zu tun, als könnte sie nicht mit den Titanen mithalten, hasste es zu wissen, dass ihre Freundinnen – die einzigen, die sich wirklich über ihren Plan freuen würden – krank waren und Ruthie ihnen nicht helfen konnte. Es fühlte sich an, als hätte Ruthie ebenfalls verdorbenes Hühnchen gegessen.

»Wir sollten los«, sagte ihr Dad zu ihrer Mom.

»Es gefällt mir nicht, dass sie an einem Freitagabend allein zu Hause sitzt«, sagte ihre Mom, als sei Ruthie gar nicht da.

»Ich kann es aber nicht ändern, die Übernachtungsparty fällt flach.«

»Gibt es denn niemanden aus der TSF-Gruppe, mit dem du etwas unternehmen könntest?«, fragte ihre Mom.

»Wir könnten dich auf dem Weg zum Abendessen absetzen und dich auf dem Heimweg wieder abholen.«

Ruthie zog den Vorschlag in Erwägung, aber nur kurz. Es würde sich seltsam anfühlen, den Freitagabend mit jemand anderem als ihren Nesties zu verbringen. Unbeholfen und schwerfällig, als müsse sie mit links schreiben. Vor allem, weil Fonda und Drew krank waren. »Die haben alle schon was vor.«

»Wirklich?«, drängte Fran.

Ruthie öffnete den Mund, um zu antworten, dann fiel ihr ein, dass Sage sie gefragt hatte, ob sie etwas unternehmen wolle. Die bloße Vorstellung, die Einladung anzunehmen, löste zwar das Linke-Hand-Gefühl aus, aber trotzdem: Sage hatte gefragt.

»Doch, es gibt da jemanden«, sagte Ruthie, klappte ihren Laptop auf und tippte eine E-Mail ein.

Ruthie: Hast du immer noch Lust, heute Abend was zu machen?

Sage: Total. Meine Stiefschwester schmeißt eine Party bei uns zu Hause. Willst du kommen? Wir könnten die Dummdödel ausspionieren.

Ruthie: Perfekt. Meine Eltern bringen mich vorbei.

Sage: Zieh dir schwarze Sachen an. Dann sieht man uns im Dunkeln nicht. Beeil dich!

152

Mit einem neuen Gefühl der Zuversicht öffnete Ruthie ihren Schrank und kramte zwischen ihren Gute-Laune-Mustern und Kätzchen-T-Shirts nach ihren beiden einzigen schwarzen Kleidungsstücken: ein Paar Leggins mit Fransen an den Seiten, die von ihrer kurzen Modern-Dance-Phase übrig geblieben waren, und ein passender Body. Bei den Schuhen wurde es schwierig. Also schnappte sie sich einfach ein paar gepunktete Sneakers, die sie sicher gleich wieder ausziehen konnte, wenn sie bei Sage angekommen war. Barfuß spionierte es sich sowieso besser.

»Interessanter Look«, sagte ihre Mom, als Ruthie ins Auto stieg.

»Ach, jung müsste man noch mal sein.« Ihr Dad lachte, während er rückwärts aus der Ausfahrt setzte.

Ruthie winkte traurig, als sie bei Drew und Fonda vorbeirollten. Es fühlte sich an, als würde sie ihre Nesties betrügen. Aber sie würde ihnen morgen früh einfach Ginger Ale gegen die Bauchschmerzen vorbeibringen und ihnen haarklein erzählen, was heute alles passiert war.

18. KAPITEL

»Wenn du dich unwohl fühlst und nach Hause willst, ruf mich an«, sagte Drews Vater, als sie auf den Schulparkplatz abbogen. »Deine Mom oder ich können dich jederzeit abholen.«

Drew beugte sich vor und küsste ihn auf die Wange, was mit Helm und Protektoren gar nicht einfach war. »Keine Sorge, Daddy, die Party wird toll.«

In Wahrheit war sie sich da gar nicht so sicher. Worüber sollten Will und sie den ganzen Abend reden? *The Skateboard Kid?* Und dann? Das Sommercamp? Die Schule? Lehrer? *Laaaaaaangweilig!* Hätte sie doch nur ihre Freundinnen um Rat fragen können.

Als ihr Vater wieder davonfuhr, begann die Reue über die Hühnchen-Lüge, wieder heftiger an ihr zu nagen.

Alles fühlte sich falsch, aber auch ein bisschen tragisch an. Am liebsten wäre ihr folgendes Szenario gewesen:

Wisst ihr was? Will hat mich gefragt, ob ich mit ihm auf eine Party gehe! Daraufhin ihre Nesties: *Ach komm, echt?! Wir helfen dir, ein bequemes, aber total süßes Outfit rauszusuchen.* Daraufhin Drew: *Aber was ist mit dem Special-Spa-Sleepover?* Daraufhin die Nesties: *Das können wir doch auch morgen Abend machen. Das hier ist eine Wahnsinnsgelegenheit, deinen Schwarm richtig kennenzulernen. Du musst da einfach hingehen.* Daraufhin Drew: *O Mann, ihr seid echt die besten Freundinnen, die man sich wünschen kann.* Daraufhin die Nesties: *Genauso wie du.* Und dann hätten sie sich umarmt, und Drew hätte versprechen müssen, sie den ganzen Abend über mit Fotos zu versorgen.

Nur dass ihr Gespräch nie im Leben so verlaufen wäre. Stattdessen hätte Fonda ihr vorgeworfen, wie sie auch nur daran denken konnte, sich mit Will zu treffen. Und dann hätte sie Sachen gesagt wie: *Will hat dich nicht verdient,* oder: *Du entscheidest dich gegen uns und für einen emotional unreifen Vollpfosten mit Gesichtsblindheit?* Und Ruthie hätte gesagt: *Was? Ich kann dich nicht hören, ich trage unsichtbare Kopfhörer!* Weil Ruthie nämlich einerseits Konflikte hasste und andererseits keine Geräte besaß, in die man echte Kopfhörer einstöpseln konnte.

Also hatte Drew die Gelegenheit beim Schopf gepackt, als Fonda sagte, sie sei krank. Die Übernachtungsparty würde ja sowieso nicht stattfinden, also tat sie damit niemandem weh. Oder?

So einfach ist das nicht, Drew, und das weißt du genau, dachte sie, als sie zum Treffpunkt skatete. Denn sie musste zugeben, dass ihre Freundinnen trotz der fünf Gründe irgendwie recht hatten. Will hatte noch nie was mit ihr unternommen, und trotzdem hatte er es geschafft, dass Drew wegen ihm total geknickt war. Was, wenn er sie heute Abend wieder so behandelte, als würde er sie nicht kennen? Oder noch schlimmer: Was, wenn er gar nicht auftauchte? Dann würde sie sich nicht mal bei Ruthie und Fonda ausheulen können, weil die beiden dachten, dass sie zu Hause über der Kloschüssel hing!

Drew überlegte schon, umzukehren, eine wundersame Genesung vorzutäuschen und Fonda Ginger Ale und Toast vorbeizubringen, als ein Junge in Skinny Jeans, einem türkisfarbenen T-Shirt und roten Sneakers auf sie zuskatete. Sein Lächeln war so strahlend, dass sie kichern musste. Was zugegebenermaßen ganz schön albern war. Aber Wills Anblick war einfach zu viel für sie.

»Hey«, sagte er.

»Meine Eltern haben mich gezwungen, die anzuziehen«, sagte Drew und deutete auf ihre Protektoren.

»Gute Idee.«

»Was soll das denn bitte heißen?« Drew kicherte (schon wieder).

»Ach, ich weiß ja, wie du skatest.«

»Der Wipe-out war ja wohl deine Schuld!«

»*Meine?*« Er kickte sein Brett hoch und fing es auf. »Wieso?«

»O Maaaaannnn, hör bloß aaaauuf.«

Sie lachte etwas länger, als es der Witz verdient hatte, damit keine peinliche Stille aufkam. Dann schlug Will vor, sich auf den Weg zu machen.

»Ich dachte schon, du fragst nie«, antwortete Drew mit einem Harry-Potter-mäßigen Akzent, den sie noch im selben Moment bereute. Fühlten sich eigentlich alle Mädchen wie fehlprogrammierte Roboter, sobald sie allein mit jemandem waren, den sie mochten?

Sie fuhren die Temple Road entlang, eine gewundene, ruhige Straße, auf der man weite, träge Kurven fahren konnte. Die Sonne versank bereits hinter dem Ozean, und das letzte Licht des Abends verpasste Drew und Will einen strahlenden Heiligenschein. Hätte Drew diese Szene in einem Film gesehen, hätte sie das Mädchen um diesen perfekten Augenblick beneidet. Aber Drew *war* dieses Mädchen. Der Augenblick, der Junge, der Sonnenuntergang, die gewundene Straße ... all das war real.

Sie wollte Will fragen, ob er das Geräusch von Rollen auf Asphalt auch so gern mochte, lieber als jeden Song. Aber leider besaß sie im Gegensatz zu dem Mädchen in ihrem Film kein Drehbuch, dem sie folgen konnte. Was, wenn Will die Frage total bescheuert fand?

Es war schon verrückt. In Gedanken hatte Drew Hunderte Gespräche mit Will geführt, aber jetzt, wo sie tatsächlich zusammen mit dem Skateboard unterwegs waren, hatte sie keine Ahnung, was sie sagen sollte. Es gab so vieles, das sie gern wissen wollte: welche Serien er mochte, was er gern aß und ob seine Eltern genauso peinlich waren wie ihre. Und wenn ja, wie peinlich genau? Weil sie nämlich auf keinen Fall peinlicher sein konnten als Drews. Aber eine große Frage schwebte über allem.

»Ich hab da mal eine Frage«, sagte sie und schloss zu Will auf.

Sie brauchte keine Jungskram-Expertin zu sein, um genau zu wissen, dass es ein totales No-Go war, einen Typen zu fragen, warum er sich schräg benommen hatte. Viel besser wäre es gewesen, so zu tun, als würden ihr seine Launen nichts ausmachen. So stand es jedenfalls in den Frauenzeitschriften, die ihre Mom im Bad herumliegen ließ. Aber im Ernst – wer nicht fragte, bekam auch keine Antwort. »Weißt du noch, wie wir uns am ersten Schultag gesehen haben?«

»Öhm, klar.«

»Cool, dann kann ich Amnesie ja schon mal von meiner Liste streichen«, sagte sie und wünschte sich, Fonda und Ruthie wären dabei gewesen. Die hätten sie für den Spruch gefeiert.

Will prustete. »Hä?«

»Du hast so getan, als würdest du mich nicht kennen.«

»Ja, das ...« Will senkte den Kopf. »Also, ja, was das betrifft ...«

Drews Mund wurde trocken. Sie hatte es gewusst: Es gab einen Grund. Und so schuldbewusst, wie Will gerade ihrem Blick auswich, war dieser Grund nicht seine Schüchternheit. Der Grund schien irgendwie geheim zu sein. Drew witterte eine Verschwörung. Selbst die weiße Muschelkette schien eingeweiht zu sein. So wie sie sich um Wills Hals wickelte ... als wolle sie ihn um jeden Preis beschützen. Aber Drew würde sich nicht einschüchtern lassen. Sie war fest entschlossen, eine Erklärung aus ihm rauszuquetschen, egal, wie unangenehm das wurde. »Also, was war ...«

»Hey, was geht, Wilbur?«, rief ein blonder Junge, der gerade am Straßenrand aus einem Prius stieg, gefolgt von einem noch blonderen Jungen. Beide trugen Surfshorts statt normaler Hosen.

»Was geht«, antwortete Will mit einem knappen Winken, das ungefähr so viel zu bedeuten schien wie *Dass wir uns kennen, heißt nicht, dass wir Freunde sind*. Dann sagte er leise zu Drew: »Das ist Dune Wolsey. Er nennt mich Wilbur, seit wir in der Dritten die Geschichte von Schweinchen Wilbur und der Spinne Charlotte gelesen haben. Nur noch fünf Jahre, dann brauch ich mir das nie wieder anzuhören.«

»Außer ihr landet auf demselben College«, erwiderte Drew. Sie war frustriert. Der Augenblick – ihr gemeinsamer Augenblick – war vorbei.

»Stimmt.« Will lachte leise und fuhr etwas langsamer. »Da sind wir.« Hatte er absichtlich versucht, Abstand zu den beiden Jungs zu bekommen, oder kriegte er kalte Füße, weil er gleich mit Drew im Schlepptau auf der Party erscheinen würde? »Krasses Haus, was?«, sagte er und riss sie damit aus ihren Gedanken.

»M-hm«, murmelte sie, weil Ava G.s Haus tatsächlich krass war. Es bestand nur aus Beton und Glas, und der Vorgarten war voller Kakteen, deren Umrisse im schwindenden Licht aussahen wie irgendwelche unheimlichen Gestalten. Grüne Schaukelstühle flankierten die riesige Holztür wie Smaragdohrringe, und der Briefkasten war eine detailgetreue Miniatur des Hauses.

»Sieht aus wie ein Museum«, sagte Drew. Für einen kurzen Moment hatte sie Wills »Ja, das ...« vergessen. Weil sie nämlich gleich mit Will Wilder auf eine Party gehen würde, was gleichzeitig extrem stressig und wahnsinnig toll war (oder »stroll«, wie ihre Mom jetzt gesagt hätte).

Ava G. riss die Tür auf, ehe sie auf die Klingel drücken konnten. Oben auf ihrem Kopf prangte ein dicker Bun, der passend zu ihrem Kleid mit Goldglitzer besprüht war. Sie sah aus wie eine Oscar-Statue.

»Wilder!«, quietschte sie mit ihrer kreischigen Stimme. Unverzüglich entriss sie ihnen die Skateboards und warf sie in den Vorgarten wie Tierkadaver. »Hi, ich bin Ava«, sagte sie zu Drew. Ihr Gesichtsausdruck bewegte sich irgendwo zwischen Lächeln und Stirnrunzeln.

»Drew. Ich bin neu auf der Poplar.«

»Ist sie mit dir hier, Wilder?«

»Jepp.«

Ava G. scannte mit einem schnellen Blick Drews Outfit – Jeans, Vans, ein weißes T-Shirt. Verglichen mit ihr sah Drew zwar auch aus wie ein Oscar, aber wie der aus der

Mülltonne. »Willst du die anbehalten?«, fragte Ava und zeigte auf die Protektoren. »Ich kann sie sonst in meinem Zimmer verstecken, wenn du willst.«

»Äh …«

»Ja«, sagte Will trocken, »klar, will sie die anbehalten.« Drew grinste. *Herausforderung angenommen.*

»Halll-oooo!«, röhrte eine Mom, die mit schnellen, staksigen Schritten auf sie zukam. »Hat Ava euch schon Bescheid gesagt?«, fuhr sie fort und hielt ihnen einen Korb unter die Nase. »Hier ist Handy-freie Zone.«

Sie ließen ihre Telefone in den Korb fallen und erfuhren, dass sie sich »ganz wie zu Hause« fühlen sollten. Was leichter gesagt war als getan. Trotz der Wände in Meerglasfarben, den Bilderrahmen aus Treibholz und Keramikseesternen war das Haus total ungemütlich. Das Licht war viel zu hell, es lief klassische Musik, und die ausnahmslos weißen Möbel waren zum Schutz mit Handtüchern abgedeckt. Die Mädchen saßen steif auf dem Sofa, während die Jungs in einem Häufchen neben der Regalwand zusammenstanden. Das hier war keine Party, das hier war eine Bibliothekseinweihung. Und das Schlimmste war, dass Drew Fonda nichts davon erzählen konnte. Sie konnte nicht sagen: *Bei dir wäre die Musik viel cooler gewesen,* oder: *Du hättest viel bessere Snacks gehabt,* oder: *Du bist witziger als die drei Avas zusammen.* Weil Fonda nie erfahren durfte, dass Drew hier gewesen war. Dass sie Will wichtiger fand als das Special-Spa-Sleepover. Und so würde Fonda auch nie erfahren, dass Drew ihre Protektoren angelassen hatte, weil Will das zum Weg-schmeißen fand. Über all das schweigen zu müssen war die schlimmste Strafe, die Drew sich vorstellen konnte. Auch wenn sie sie verdient hatte.

»Also, zurück zu meiner Frage von vorhin«, sagte sie, ehe Will ins Wohnzimmer weitergehen konnte. Die Bli-cke der anderen ruhten auf ihnen. Blicke, die fragten, was der süße Typ aus der Achten von der Neuen wollte und warum diese Neue gekleidet war wie ein Storm-trooper. Drew fand es sicherer, erst mal in der Nähe der Haustür zu bleiben, anstatt sich unter die Leute zu mi-schen. Sie hatte Angst, dass Wills Antwort sie zum Heu-len bringen würde und sie umgehend die Flucht ergrei-fen musste.

Will schien die Blicke ebenfalls zu spüren. Er nahm Drew bei der Hand und führte sie durch die Küche und weiter durch die Schiebetür auf die Veranda. Seine Berüh-rung sendete kleine Stromstöße durch Drews Körper. Vielleicht war sie ja doch eine Lampe!

»So, jetzt sag endlich«, forderte sie ihn auf. »Langsam krieg ich nämlich echt Schiss.«

Will lehnte sich gegen die Glasbrüstung, holte tief Luft und seufzte. »Henry Goode steht auf dich.«

»Wer?«

»Der Typ, mit dem ich am ersten Schultag in der Mit-tagspause skaten war. Er … na ja … findet dich cool oder so.«

»Ich versteh kein Wort.«

»Henry. Er hat Sport mit dir.«

»Und?«

»Und am Anfang der Mittagspause hat er gesagt, dass es eine süße Neue namens Drew gibt und er mit dir abhängen will.«

»Und?«

»Und dann hat er gesagt, weil er dich als Erster gesehen hat, müssen wir anderen Jungs die Finger von dir lassen.«

Drews Herz hämmerte so heftig, dass ihr der Kopf dröhnte. »Was?!«, rief sie empört. »Also, erstens hat er mich gar nicht zuerst gesehen. Zweitens entscheide *ich*, wer die Finger von mir zu lassen hat und wer nicht. Und drittens bin ich ein Mensch und nicht das letzte Stück Pizza in der Schachtel. Er kann doch nicht einfach sagen, dass ich ihm gehöre!«

»Ich weiß«, murmelte Will. »Das hab ich ihm auch gesagt, nur ohne das mit der Pizza.«

Waren das jetzt gute oder schlechte Neuigkeiten? Benahm Will sich unmöglich oder respektvoll? Sollte sie sich geschmeichelt fühlen oder stinkwütend werden? Drew ließ den Blick durch den Garten schweifen, damit ihre wirren Gedanken sich entknoten konnten.

»Die Bäume sehen aus wie Brokkoli, oder?«, fragte Will.

Normalerweise hätte Drew das witzig gefunden. Aber jetzt wirkte es so, als ob Will unbedingt das Thema wechseln wollte. »Ich kapier's nicht.«

Will deutete auf die Baumwipfel. »Ich weiß, es ist dunkel, aber wenn man genau hinsieht …«

»Nicht das mit dem Brokkoli. Das mit Henry!«

Will fuhr sich durchs Haar. »Als ich Henry gesagt habe, dass du nicht sein Eigentum bist, hat er mich gefragt, ob ich dich mag. Na ja, und weil ich keine große Sache draus machen wollte und irgendwie in Panik geraten bin, hab ich ...«

Drews gesamtes Inneres war zum Bersten gespannt. *Mag er mich? Mag er mich? Mag er mich? Mag er mich? Mag er mich? mich? Mag er mich? Mag er mich? Mag er mich? Mag er mich? Mag er mich? Mag er mich? Mag er mich?* »Hast du *was?*«

»Ich hab gesagt, ich hätte keine Ahnung, wer du bist.«

»Und – ist es so?«

»Natürlich nicht, du Doofnuss, wir kennen uns doch aus dem Battleflag Camp, schon vergessen?«

Diesmal konnte Drew sich ein Lächeln nicht verkneifen. »Ich meinte, ob du mich magst.«

Drew konnte ihren eigenen Mut kaum fassen. Aber sie würde es keine weitere Millisekunde ertragen, nicht zu wissen, woran sie war. Die Wahrheit hatte lange genug vor der Tür warten müssen. Es war an der Zeit, sie reinzulassen.

Als Will den Mund öffnete, um zu antworten, hätte Drew trotzdem fast STOPP! gerufen. Sie wollte die Zeit anhalten und in den silbernen Zwischenraum krabbeln, der Nichtwissen und Wissen voneinander trennte. Wie in einen Schlafsack. Und dann würde sie den Reißverschluss bis oben hin zuziehen. Die Wahrheit noch ein bisschen warten lassen und hoffen, dass all ihre Träume wahr wurden.

»Ich glaub, ich hab dich nicht richtig verstanden«, sagte Will und grinste, wobei seine Augen aufblitzten. »Was hast du gesagt?«

»Ich hab dich gefragt, ob du mich magst.«

»Keine Ahnung.« Will betrachtete den Brokkoli. Dann seine Sneakers. »Magst du *mich* denn?«

»Kommt drauf an.«

Er sah ihr in die Augen. »Worauf?«

»Darauf, ob du weiter so tust, als ob du mich nicht kennst, wenn Henry dabei ist.«

»Das kommt auch drauf an.«

»Und worauf?«

»Darauf, ob du am Montag mit Protektoren in die Schule kommst.«

Drew lachte. »Schätze schon.«

»Dann werde ich definitiv so tun, als ob ich dich kenne.«

»Auch wenn Henry dabei ist?«

Will lächelte. »Besonders wenn Henry dabei ist.« Er schaute auf seine Schuhspitzen und schob ein paar Kiesel herum, dann sah er Drew wieder in die Augen. »Tut mir leid, dass ich dich ignoriert hab. Das war echt uncool. Fangen wir noch mal von vorn an?«

»Machen wir.« Drew lächelte. Sie konnte es gar nicht abwarten, ihren Freundinnen von diesem Abend zu erzählen! Aber – *argh!* Angeblich lag sie doch gerade zu Hause und litt an Hühnchenvergiftung, anstatt das beste

Gespräch aller Zeiten zu führen! Jetzt würde sie das mit den Brokkolibäumen, ihrem Mut, Wills Geständnis und seiner emotionalen Reife auf ewig für sich behalten müssen! Weshalb dieser Abend fast witzlos war.

Aber eben nur fast.

19. KAPITEL

Die Reue umhüllte Fonda wie eine müffelige Umarmung, aus der man sich nicht befreien konnte. Sie hatte eine Lebensmittelvergiftung erfunden, ihre besten Freundinnen belogen und vierzig Minuten damit zugebracht, das perfekte Outfit zusammenzustellen – für das hier? Die Beleuchtung war grell wie in einer Arztpraxis, die Musik klang nach Fahrstuhlgedudel. Und waren das da in den Snack-Schüsseln etwa Minikarotten? Fonda kam sich vor wie auf einem Kindergeburtstag, nur dass Mädchen und Jungen auf Kindergeburtstagen wenigstens miteinander geredet hätten.

Kurz überlegte sie, Drew anzurufen und zu fragen, wie es ihr ging, aber der Kontakt zur Außenwelt war abgebrochen. Ava G.s Mutter hatte allen die Handys abgenommen.

»Styles!«, rief ihr Ava G. von der handtuchbedeckten Couch aus zu. Für den Fall, dass ihr Goldkleid nicht reichte, um die allgemeine Aufmerksamkeit auf sich zu lenken, trug Ava zusätzlich glitzernde Leggins. »Komm her!«

Mit erhobenem Kinn und gestrafften Schultern stolzierte Fonda ins Wohnzimmer. Am Ende hatte sie sich für einen Look entschieden, der hoffentlich einfallsreich und individuell wirkte: ein Satinkimono, dazu schwarze Shorts und Sandalen mit Keilabsatz. Ein Blickfang, aber nicht gewollt. Stylish, aber nicht trendy.

»Toller Look!«, schwärmte Ava G. und machte ein Foto mit ihrem imaginären Handy.

»Deiner auch«, erwiderte Fonda, obwohl G. aussah wie eine Oscar-Statue.

»I like«, sagte Ava R. »Wo kann ich die Sachen kaufen?«

Du brauchst nur bei Ginger Sushi deinen Geburtstag zu feiern. Den Kimono gibt's für Gruppen über sechs Personen gratis. Aber natürlich sagte Fonda nichts dergleichen. Stattdessen erwiderte sie einfach: »Vintage.«

»Echt?«, sagte Ava R. »Das ist ja super-s.«

»Was ist denn super-s?«

»Super-schade«, schmollte Ava R. »Weil ich mir den Look dann nicht nachkaufen kann.«

»Wir könnten mal zusammen shoppen gehen«, bot Fonda an. »Ich kenne einen Haufen toller Secondhand-Läden.«

»Super-Yeah!«, machte Ava R.

»Und wofür steht das?«

»Einfach nur für ganz viel Yeah.« Ava zuckte mit den Achseln.

Fonda lachte, und diesmal war es kein gekünsteltes »Ich will unbedingt dazugehören«-Lachen. Sie fand Avas Kommentar wirklich witzig. Plötzlich kam es ihr ziemlich kindisch und überflüssig vor, die Avas jahrelang dafür gehasst zu haben, dass sie sie übersahen. Die totale Verschwendung. In der Zeit hätte sie eine Menge Spaß haben können. Sie hätte einfach nur aus dem Schatten treten und ihnen zeigen müssen, dass es sie gab. Natürlich gehörte Mut dazu, aber als sie sich erst mal getraut hatte, hatte sich alles geändert. So sehr, dass Fonda sich inzwischen fragte, ob es wirklich nötig war, eine eigene Clique zu gründen. Vielleicht war es besser, sich zusammenzutun, ihre Mädels dazuzuholen, eine Riesenclique zu werden und auf diesem Weg zu herrschen.

»Apropos Inspiration«, sagte Ava H. »Was glaubt ihr, wer heute für den PP sorgt?«

»Leicht. Die Blonde mit den Protektoren«, sagte Ava G. »Im Ernst, wer geht denn bitte so auf eine Party?«

Fonda musste lächeln. Drew. Drew hätte das sicher gebracht. »Was ist ein PP?«, fragte sie.

»Ich tippe auf Jasper und Frankie«, sagte Ava H., ohne auf Fondas Frage einzugehen. »Ich hab gehört, sie wollen für einen Stromausfall sorgen.«

Ava G. schielte unauffällig in Richtung des Jungshaufens vor der Bücherwand. »Wehe, sonst jagt ihnen mein Stiefdad seinen Anwalt an den Hals.«

»Was ist ein PP?«, wiederholte Fonda.

»Und im Dunkeln könnte man ja auch gar keinen PP aufnehmen«, warf Ava R. ein.

»Kann mir jetzt bitte endlich jemand erklären, w …«

»PP steht für Party Post«, sagte Ava R. »Das VdA, das viral geht.«

»VdA?«

»Video des Abends. Irgendwer macht immer irgendwas total Peinliches, und das nehmen wir auf.«

»Aber wir haben doch gar keine Handys«, warf Fonda ein. Ihr war bewusst, dass sie gerade »wir« gesagt hatte, und noch bewusster war ihr, dass niemand sie korrigierte und sagte: *Du gehörst aber nicht zum Wir. Du bist nur du. Wir sind hier die einzigen wir.*

»Meine Eltern bleiben nur noch zehn Minuten«, flüsterte Ava G. und hob eine Braue, als wolle sie sagen: *Du verstehst?*

Aber Fonda verstand nicht.

»Vor jeder Party behaupten sie, dass sie bis zum Ende bleiben, aber dann wird ihnen immer schnell langweilig. Bei meiner Mom erkennt man das daran, dass sie sich die Stirn reibt. Siehst du?«

Tatsächlich beobachtete Avas Mom die Partygäste mit zunehmend missmutigem Gesichtsausdruck. Schließlich seufzte sie und rieb sich in einer dramatischen Geste die Schläfen. Und wie Ava G. vorausgesagt hatte, verschwanden ihre Mom und ihr Stiefvater genau zehn Minuten später, um sich im Gästehaus einen Film anzusehen.

Kaum waren sie weg, rief Ava G.: »Showtime!«, und alle gerieten in Bewegung. Die Jungs schoben die Sofas an die Wand, die Mädchen holten Limo und Chips aus ihren Rucksäcken, Ava R. sorgte für neue Musik, und Ava H. dimmte das Licht. Minuten später wurde wild geflirtet, und die Avas animierten alle, zu den Elektrobeats von *Mi Rumba* zu tanzen. Es war offensichtlich, dass sie das nicht zum ersten Mal machten. Und auch nicht zum zweiten.

»Komm schon, Styles!«, rief Ava R. und zerrte Fonda in die Mitte der Tanzfläche. Überall um sie herum waren hüpfende, schwitzende, wirbelnde Körper. Hände wedelten, Fäuste pumpten, Babykarotten flogen durch die Luft wie Konfetti.

Als Nächstes lief *I'm Good* von GRiZ, und Fonda schleuderte ihre Schuhe weg und sang mit: »Nanananananananana«. War ihr doch egal, ob jemand dachte, dass sie den Barfußtrend ihrer Schwestern nachmachte!

Bis zu diesem Augenblick hatte Fonda nicht gewusst, dass sie auch ohne Drew und Ruthie Spaß haben konnte. Sie vermisste die beiden, und sie hätte sich sehr gewünscht, sie bei sich zu haben. Dann wären sie jetzt genauso verschwitzt und außer Atem gewesen, weil es so anstrengend war, den Nae Nae zu tanzen. Sie würden singen, bis sie heiser waren, und mit all den Leuten hier abtanzen, die gar nicht so schlimm waren, wie sie immer gedacht hatten. Und dann würden sie endlich verstehen, warum Fonda sich so abmühte. Und sich vielleicht sogar endlich auch ein bisschen Mühe geben.

Doch dann tanzte sie weiter, und alle Gedanken an ihre Freundinnen und die Herrschaft der Nesties lösten sich auf. Es war so entspannend. Endlich hatte sie einfach mal Spaß, anstatt sich ständig Sorgen zu machen, ob alle anderen Spaß hatten – was einem allen Spaß vermieste.

Fonda war wild entschlossen, jede verschwitzte Sekunde dieses Abends zu genießen.

20. KAPITEL

Sage und Ruthie kauerten zwischen Kakteengarten und Wohnzimmerfenster und warteten reglos ab, ob sie entdeckt worden waren.

»Ich kann nicht fassen, dass du mit Ava G. zusammenwohnst«, flüsterte Ruthie und klappte ihre EyeClops Infrarot-Nachtsichtbrille herunter. Mit ihren riesigen Plastikaugen, dem schwarzen Body und den Leggins sah sie aus wie eine Fliege. Sage dagegen, die nie etwas anderes als Schwarz trug, sah einfach nur wie Sage aus. Abgesehen von ihren goldenen Turnschuhen, die sie heute gegen schwarze Ballettschläppchen eingetauscht hatte.

»Ich weiß. Am Anfang war das auch echt schräg, aber inzwischen sind es schon fast zwei Jahre …«

Als sie sicher waren, dass die Luft rein war, standen sie auf und spähten nach drinnen.

»Wie konnte das passieren?«, fragte Ruthie, während sie Ava G. beobachtete.

»Goldenes Glitzer-Haarspray und eine Riesenportion Mut.«

»Nein.« Ruthie lächelte. »Ich meinte, dass ihr beide zusammenwohnt.«

»Also, Ruthie«, setzte Sage an. »Wenn sich ein Mann und eine Frau so richtig lieb haben …«

»Nein, echt jetzt!« Ruthie lachte. Moment mal! Konnte es sein, dass sie den Freitagabend mit jemand anders als ihren Nesties verbrachte und es überhaupt nicht blöd fand? »Was steckt da für eine Geschichte hinter?«

»Meine Mom ist gestorben, als ich zwei war, und mein Dad und Avas Mom haben sich kennengelernt, als ich neun war. Als ich elf war, haben sie geheiratet, und vor einem Monat haben Ava und ich aufgehört, uns gegenseitig zu ignorieren. Sie ist zwar ein totaler Dummdödel, aber Dad meint, ich soll ihr eine Chance geben.«

Auf Ruthies Haut breitete sich ein bitzelndes Gefühl aus. Ob Sage sie auch für einen Dummdödel halten würde, wenn sie die TSF verließ? »Warum sagst du das so oft über andere?«

Sage deutete durch das Fenster auf die tanzende, springende Meute. »Schau die doch mal an. Macht das auf dich einen sonderlich intelligenten Eindruck?«

»Es soll ja auch gar nicht intelligent sein. Es soll Spaß machen!«

»Ich bitte dich.« Sage rückte ihre Brille zurecht. »Die machen das, weil sie nichts zu sagen haben. Tanzen ist doch echt bescheuert, oder?« Mit Neandertaler-Stimme fügte sie hinzu: »Ugh, lass uns auf Trommeln einhauen und wild um uns schlagen.«

Da hatte Sage nicht ganz unrecht. Tanzen war echt lächerlich, wenn man mal drüber nachdachte. »Wie küssen«, sagte Ruthie und wechselte ebenfalls in den Neandertaler-Modus: »Ugh, drücken wir unsere Lippen aufeinander und machen komische Geräusche.«

»Oder klatschen! Komm, wir hauen unsere Hände gegeneinander, um zu zeigen, dass wir uns mögen.«

»Oder atmen«, sagte Ruthie, nahm es dann aber sofort zurück. »Nee, das hat ja keiner erfunden.«

»Hey!«, sagte Sage, die sich wieder der Party zugewandt hatte. »Ist das da drüben nicht deine Freundin?«

»Was?« Ruthie ging im Kopf alle Möglichkeiten durch, aber ihr fiel niemand ein, der infrage kam. Die einzigen beiden Freundinnen, die sie hatte, lagen krank zu Hause im Bett. »Wer?«

»Na, eine von den beiden, mit denen du nach der Schule immer nach Hause gehst.«

Ruthie stellte ihre Linsen scharf, drückte ihr Gesicht ans Fenster – und erstarrte. Da drinnen war ein Mädchen, das genauso aussah wie Fonda und den Nae Nae mit den Avas tanzte. Ihre Haare waren geglättet, sie war barfuß, und sie versuchte, einen Morgenmantel von *Ginger Sushi* als normales Oberteil zu verkaufen. Ruthie klappte die Brille hoch und wich unwillkürlich zurück. Das Herz hämmerte ihr in der Brust wie verrückt. »Aber ... das kann nicht sein!«

Sage seufzte. »Bei Dummdödeln ist alles möglich.«

Ruthie stand auf. Ihr Körper wollte handeln, doch ihr Kopf kam nicht hinterher. Gab es in der Stadt vielleicht eine Fonda-Doppelgängerin? Aber wenn es so war und sie ebenfalls auf die Poplar Middle ging und auch einen Morgenmantel von Ginger Sushi hatte – hätten die Nesties dann nicht längst von ihr gehört? Oder handelte es sich bei dem tanzenden Mädchen um die echte Fonda? *Echt, aber falsch.*

»Habe eine potenzielle Doppelagentin im Visier«, sagte Ruthie und versuchte, in ihrer Rolle zu bleiben. Denn sobald sie keine Spionin mehr war, sondern sie selbst, würde sie akzeptieren müssen, dass ihre beste Freundin ihre Krankheit nur vorgetäuscht hatte, um ohne sie auf eine Party gehen zu können. Und das tat so weh, dass Ruthie keine Ahnung hatte, wie sie das aushalten sollte.

»Wir müssen den Laden infiltrieren und sie ins Kreuzverhör nehmen.«

»Aber dann wird unsere Identität aufgedeckt!« Ruthies Hände zitterten.

»Das Risiko müssen wir eingehen.« Sage zog Ruthie mit sich. »Komm, los geht's.«

Doch als sie vor der Haustür standen, ging plötzlich das Licht aus, die Musik verstummte und alle begannen zu kreischen.

»Was ist los?«, fragte Ruthie.

»Keine Ahnung«, entgegnete Sage. »Aber eine bessere Deckung gibt's nicht.« Sie rückte ihre Nachtsichtbrille zurecht und ging voraus. »Folge mir.«

21. KAPITEL

Ein Chor aus rasiermesserscharfen Schreien zerriss die rosarote Blase, in der Drew schwebte, und holte sie zurück in die Realität. »Was ist da los?«, fragte sie.

Will drückte sich die Nase an der Schiebetür platt. »Ich kann nichts erkennen«, sagte er. »Da drinnen ist es dunkel wie in einem Horrorfilm.« Er prustete. »Unfassbar, dass die das echt durchgezogen haben.«

»Wer hat was durchgezogen?«

»Jasper und Frankie. Sie haben die ganze Woche über geplant, heute Abend den Strom abzudrehen.«

Drew hatte keine Ahnung, was man machen musste, um den Strom abzudrehen, und sie war auch nicht in der Stimmung, weiter darüber nachzudenken. Will hatte das Wort mit M benutzt, und zwar im Zusammenhang mit ihr. Und

deshalb wollte sie gerade nur eins: das Leben feiern. Denn wenn man jemanden mochte, und derjenige mochte einen auch, dann führte das zu einem Adrenalinrausch, der selbst die unangenehmsten Situationen in ein aufregendes Abenteuer verwandelte. Wie zum Beispiel eine Massenhysterie.

»Komm«, drängte sie, »lass uns nachsehen.«

»Ich dachte schon, du fragst nie«, antwortete er mit Harry-Potter-mäßigem Akzent.

»Was ist da drinnen los?«, fragte Avas Stiefvater, der mit seiner Frau vom Gästehaus angetrabt kam.

»Werden wir ausgeraubt?«, keuchte Avas Mutter.

»Was für ein Einbrecher würde denn bitte in ein Haus voller Teenager einsteigen?«, brummte ihr Mann und wischte sich den Schweiß von der Stirn. »Teenager sind der beste Einbrecherschutz überhaupt. Vor denen haben selbst die härtesten Gangster Angst.«

»Aber wie erklärst du dir dann …«

»Ich glaube, ein paar von den Jungs haben sich einen Scherz erlaubt«, sagte Will und sah den beiden Erwachsenen direkt in die Augen. Drew musste an ihre eigenen Eltern denken, denen das sehr gefallen hätte.

Dann war plötzlich das Splittern von Glas zu hören.

»Mein Spiegel!«, kreischte Avas Mom.

Ihr Stiefvater flüsterte »Nie wieder«, dann betraten sie das Haus.

»Das muss ich sehen!« Will nahm Drew bei der Hand und zog sie in die dunkle Küche. Seine Berührung elektrisierte Drew dermaßen, dass sie nicht nur das Haus, sondern das gesamte Viertel mit Strom hätte versorgen können.

Wie sollte sie all das vor Fonda und Ruthie verheimlichen? Es war falsch, sie in dem Glauben zu lassen, Will sei distanziert, unhöflich und ihrer Zuneigung unwürdig – wo doch das genaue Gegenteil der Fall war. Aber wie sollte sie die Sache richtigstellen? Indem sie zugab, dass sie eine Lebensmittelvergiftung vorgetäuscht hatte, damit sie heimlich auf eine Party gehen konnte? Die beiden würden nie wieder mit ihr reden.

Am anderen Ende des Flurs kreischten Leute, stolperten gegen Wände und drängten sich gegenseitig, den Korb mit den Handys zu suchen.

»Uff«, machte Drew, als sie mit der Hüfte gegen die Esstischkante stieß. In der Küche war es dunkel wie im Weltall.

»Ich hab dir ja gesagt, dass du die Protektoren noch brauchen wirst«, witzelte Will.

Dann waren Schritte zu hören. »Jemand kommt«, flüsterte Drew.

»Duck dich!«

Sie kauerten sich hinter die Kücheninsel und hielten sich den Mund zu, um nicht laut zu kichern.

»Komm, wir gönnen der Mission eine kleine Pause und schnappen uns ein paar Chips«, sagte ein Mädchen und trat in die Küche. »Beim Essen kann ich besser denken.«

»Na gut, aber wir müssen schnell machen«, flüsterte ein zweites Mädchen zurück.

»Ich bin ein Gespennnnnssssst!«, rief Will aus ihrem Versteck hervor.

Drew schüttelte sich vor Lachen.

»Wer ist da?«, fragte das Chips-Mädchen.

»Alec«, sagte Will.

»Alec wer?«

»Alec Trizität! Wie es aussieht, werde ich hier dringend gebraucht.«

Drew prustete.

»Ja, ist mir auch schon aufgefallen. Aber jetzt im Ernst, wer bist du?«

»Der Geist der Gefahr, gekommen, um euch zu warrrrr-nennnn!«

Drew musste so heftig lachen, dass sie Will mit der flachen Hand auf den Rücken klatschte. Was dazu führte, dass sie beide noch heftiger lachen mussten.

»Ähm, Erde an Dummdödel: Das hier ist *meine* Küche. Wenn hier also jemand in Gefahr ist, dann du. Und jetzt komm raus und zeig dich.«

»Ach, wer interessiert sich schon für Geister?«, sagte ihre Freundin. »Wir müssen uns auf unsere Mission konzentrieren.«

Das Mädchen sprach in einem leichten Singsang, der Drew irgendwie bekannt vorkam. Seltsam … der einzige Mensch mit so einem Singsang in der Stimme war …

Ruthie.

Drew verging das Lachen. *Ich muss raus hier!* wollte sie Will zuflüstern, aber sie brachte kein Wort hervor. Konnte

181

nicht atmen. Konnte nicht *aufhören* zu atmen. Was hatte Ruthie auf der Party der Avas zu suchen? Drew blieb keine Wahl: Sie musste in Deckung bleiben, zur Schiebetür kriechen und nach draußen verschwinden.

Ohne ein Wort zu Will krabbelte sie los. Ihre Plastik-Knieprotektoren klackerten über den Parkettboden. Sie klang wie eine Riesenkakerlake. Oder wie ein Hund, dem dringend die Krallen gestutzt werden mussten.

»Was ist das für ein Geräusch?«, fragte Ruthie.

Drew erstarrte.

»Ich hab nichts gehört«, sagte ihre mysteriöse Begleiterin. Jemand raschelte mit einer Chipstüte und begann, laut zu kauen. Drew nutzte die Gelegenheit, um weiterzukriechen.

»Hörst du das nicht?« Ruthie schien näher zu kommen. »Ich muss der Sache auf den Grund gehen!«

Die Chipstüte wurde auf den Tresen geworfen. »Brauchst du Verstärkung?«

»Positiv«, antwortete Ruthie, die aus irgendeinem Grund redete wie die Leiterin eines Sondereinsatzkommandos.

Bestrumpfte Füße tapsten über den glatten Boden. Drew musste daran denken, wie Ruthie, Fonda und sie ihre rutschigsten Socken angezogen und in ihrem Flur so getan hatten, als würden sie Eiskunstlaufen. Nur dass diese Füße sich nicht leicht und anmutig bewegten. Sondern entschlossen und …

»Drew?«, sagte Ruthie. Sie stand direkt vor ihr und trug

ein Gerät über den Augen, mit dem sie offenbar im Dunkeln sehen konnte. »Was machst *du* denn hier?« Ihre Stimme klang weich und breiig, und ihr Gesichtsausdruck lag irgendwo zwischen Schock und Verwirrung.

Drew hatte es die Sprache verschlagen. Was sollte sie auch sagen? Am liebsten wäre sie wirklich ein Gespenst gewesen und davongeschwebt ins Nirgendwo. Sie hätte alles getan, damit ihre Lüge nicht aufflog. Denn sobald Ruthie begriff, dass Drew sie hintergangen hatte und Will ihr wichtiger gewesen war als ihre Nesties, würde der entspannte Singsang aus ihrer Stimme verschwinden und ihre Verwirrung würde zu Verachtung werden. Das durfte nicht passieren. Weil Ruthie für gute Laune und Ananas-Pyjamas stand, nicht für Wut und Verachtung.

Doch von all den Dingen, die Drew in diesem Augenblick hätte sagen können, brachte sie nur eins über die Lippen: »Seit wann hast du eine Nachtsichtbrille?«

Und das war wirklich nicht hilfreich.

22. KAPITEL

Das Licht ging an, und sofort legte sich die allgemeine Hysterie.

Mädchen wischten sich Wimperntuschestreifen von den Wangen und lächelten, als sei nie was gewesen. Jungs fächelten sich Luft in die verschwitzten Armhöhlen und zogen sich gegenseitig damit auf, dass sie in Panik geraten waren.

»Ich hab den Korb!«, rief jemand aus der Küche, und die über dreißig Gäste stapften gesammelt den Flur entlang, um sich ihre Telefone zurückzuholen.

Wenige Minuten später tippte Fonda auf ihr Display. Garantiert hatte sie inzwischen mehrere »Geht's dir schon besser?«-Nachrichten von ihren Freundinnen erhalten. Aber da war nichts. Was natürlich auch in Ordnung war.

Ruthie wollte vermutlich, dass sie sich in Ruhe auskurierte, und Drew hatte ja offenbar tatsächlich verdorbenes Hühnchen gegessen, also ...

»Das soll ja wohl ein Witz sein, oder?«, schrillte eine vertraute Stimme durch die Küche.

Fonda blickte hoch und klammerte sich an der Kücheninsel fest, um nicht umzukippen. »Ruthie?« Ihr Mund wurde staubtrocken. Die Stimmen der anderen Gäste waren nur noch ein entferntes Hintergrundrauschen.

»Fonda?«, fragte die nächste vertraute Stimme. Diesmal war es Drew. Mit Protektoren an Knien und Händen stand sie am anderen Ende der Kücheninsel.

Fonda wurde heiß, das Herz hämmerte ihr bis in den Schädel ... die Zähne ... das Rückgrat. Hatte sie einen Fiebertraum? Einen psychotischen Schub? Halluzinierte sie vor lauter Schuldgefühlen? Sie blinzelte in der Hoffnung, dass die beiden verschwinden würden, aber sie waren immer noch da und starrten Fonda wutentbrannt an.

Sie wollte sich entschuldigen, wollte alles erklären. Wollte um Gnade winseln. Losheulen. Die Zeit zurückdrehen. Weglaufen! Aber in ihrem Kopf herrschte so ein Durcheinander, dass sie nur ein atemloses »Was macht ihr denn hier?« stammelte.

Ruthie klatschte die Hände auf die Marmorplatte und sagte: »*Ich* stelle hier die Fragen!« Sie stand zwischen Fonda und Drew, eine Nachtsichtbrille auf dem Kopf, die blauen Augen weit aufgerissen und verdächtig schimmernd. »Verdorbenes Hühnchen, ja?«

»Ruthie, es tut mir so …«

»Lebensmittelvergiftung, ja?«

»Ich kann das alles erkl …«

»Du hast mich angelogen!«

»Moment«, sagte Drew zu Fonda. »Du hast das nur erfunden?«

»Du etwa nicht?«, konterte Fonda.

Die Avas standen zusammen mit einem Haufen anderer Leute um die Kücheninsel herum und richtete ihre Telefone auf die Nesties. Wie lange waren die schon hier?

»Können wir bitte draußen weiterreden?«, murmelte Fonda und deutete auf die Zuschauermenge. Wenn sie erst herausgefunden hatte, was Drew und Ruthie hier zu suchen hatten, würde sie alles wieder geradebiegen. Aber nicht vor den Poplar-Paparazzi.

»Könnenwirbittedraußenweiterreden?«, äffte Ruthie sie nach. »Dann schauen uns eben alle zu. Ist das deine einzige Sorge? Was die Leute von uns denken?«

»Uns?«, fragte Fonda spöttisch. »Es gibt doch gar kein *uns* mehr, seit du in die TSF gehst!«

»Zumindest sind die TSFler keine Lügner und Betrüger, die sich hinter meinem Rücken gegen mich verschwören!«

Sage pumpte die Faust in Richtung Decke. »Titanen rocken!«

»Wir haben uns nicht gegen dich verschworen«, warf Drew ein. »Ich hatte keine Ahnung, dass Fonda hier sein

186

würde.« An Fonda gewandt fuhr sie fort: »Warum hast du mir nichts gesagt?«

»Warum hast du *mir* nichts gesagt?«

Drew senkte den Blick. »Weil du mich erbärmlich gefunden hättest.«

»Was?« Fonda fühlte sich in die Ecke gedrängt. Und verwirrt war sie auch. Wie war Drew an eine Einladung gekommen? Und Ruthie? Und wie konnte Drew so was sagen? »Wieso sollte ich dich erbärmlich finden?«

Drews Blick zuckte zu Will, der neben der Glastür stand. Die Handys drehten sich nach links wie ein Fischschwarm beim Kurswechsel.

»Moment mal«, unterbrach Ruthie sie. »Du hast gelogen, um mit dem da zur Party zu gehen? Dem Vollpfosten, dem du angeblich nicht mal helfen würdest, wenn er blutend und mit gebrochenen Knochen im Straßengraben liegen würde?«

»Das hast du gesagt, Drew?«, fragte Will mit dem Mund voller Chips.

»Nein!«

»Hat sie doch«, sagte Jasper. »Das war im Kino, ich war dabei.«

»Im Kino?« Wills Blick ging zwischen Jasper und Drew hin und her. »Wann wart ihr denn zusammen im Kino?«

»Gar nicht«, sagte Drew, und im selben Moment sagte Jasper: »Letzten Samstag.«

»Moment mal.« Drew drehte sich zu Ruthie um. »Woher

weißt du überhaupt, was ich gesagt habe? Du warst doch gar nicht dabei!«

»Fonda hat's mir erzählt.«

»Vielen Dank auch, Fonda.«

»Ich …« Der Streit lief immer mehr aus dem Ruder, und Fonda hatte keine Ahnung, wie sie die Katastrophe aufhalten sollte.

»Also, Drew, hast du das jetzt gesagt oder nicht?«, fragte Will.

»Ja, ich meine, nein, ich meine, gesagt hab ich's schon, aber ich hab's nicht …«

»Voll verarscht!«, rief Frankie dazwischen.

»Ja, echt voll krass verarscht«, sagte Jasper.

»Armer Wilbur«, sagte Dune Wolsey. »Sind die beiden nicht sogar zusammen hergekommen?« Nach einer kurzen Pause fügte er hinzu: »Oder war das Jasper?«

Im nächsten Moment brüllten alle »Voll verarscht, voll verarscht!«, und ehe Drew ihn aufhalten konnte, öffnete Will die Schiebetür und verschwand wortlos nach draußen.

»Können wir bitte draußen weiterreden?«, wiederholte Fonda. Die ganze Aufmerksamkeit, die sie sich jahrelang so gewünscht hatte, fühlte sich nur noch schrecklich an.

»Warum?« Aufgebracht sah Ruthie sie an. »Willst du etwa nicht, dass die ganzen Dummdödel hier mitbekommen, dass wir Freundinnen sind? Bin ich dir etwa peinlich, oder wie?«

Ruthies Worte fühlten sich an wie ein Tritt in die Magengrube. Dummdödel? Dafür hielt Ruthie alle, die nicht in die TSF gingen? Also auch Drew und Fonda? »Peinlich ist hier nur, dass du Dummdödel sagst«, log sie.

Alle lachten, und sofort bereute Fonda ihren Spruch. Aber *Dummdödel?!* Echt jetzt?! Wer ließ sich so was einfallen? Wer *sagte* so was laut? »Können wir jetzt bitte irgendwo hingehen und in Ruhe über alles reden? Ich bin mir sicher, dass wir alle drei gute Gründe hatt …«

»Gute Gründe wofür?«, unterbrach Ruthie sie. Der erste Schock wich Wut. »Zu lügen? Einander zu hintergehen? Bin ich dir nicht mehr gut genug? Vergiss es, Fonda, ich will nicht reden.« Sie ballte die rechte Hand zur Faust, hämmerte das Wort *Ende* in Morsezeichen auf die Kücheninsel und öffnete die Schiebetür. Dabei verfingen sich ihre Freundschaftsarmbänder an der Klinke und rissen entzwei. Hunderte Perlen kullerten auf den Boden. »Diese Freundschaft habt ihr zwei auf dem Gewissen«, sagte sie mit Tränen in den Augen. Dann verschwand sie hinaus in die Dunkelheit, gefolgt von Sage.

»Geht es euch gut?«, fragte Ava G.s Mutter, die mit Panik im Blick in die Küche gerannt kam.

»Oh, mehr als gut«, flüsterte Ava R. Fonda zu. »Wir haben gerade unseren PP gefunden.«

Am liebsten hätte Fonda Avas Handy auf den Boden gepfeffert, um die schlimmsten fünf Minuten ihres Lebens für immer aus ihrem Gedächtnis zu löschen. Aber selbst wenn sie Avas Video zerstörte, würde das nichts bringen. Weil es Dutzende weitere gab, jedes von ihnen eine digitale Erinnerung daran, dass man sich genau überlegen sollte, was man sich wünschte. Besonders, wenn dieser Wunsch lautete, der größte Social-Media-Star an der ganzen Poplar zu werden.

23. KAPITEL

Am Montag faulenzten die Titanen während der letzten Stunde unter der Pergola – ein »Montagspäuschen«, wie Rhea das nannte. Sie tat so, als bräuchte die Klasse das, um sich nach dem Wochenende gegenseitig auf den neuesten Stand zu bringen. In Wirklichkeit brauchte sie selbst die Zeit, um die Donnerstagstests zu korrigieren. Ruthie genoss die nachmittägliche Lästerstunde mit den Titanen. Besonders jetzt, wo sie offiziell keine besten Freundinnen mehr hatte.

»Und dann hast du echt das Wort *Ende* gemorst?«, fragte Alberta ungefähr zum fünften Mal.

Ruthie hob die Hand. »Schuldig im Sinne der Anklage.«

Alberta ließ sich so zufrieden in die marokkanischen

Sitzkissen sinken, als hätte sie gerade eine üppige Mahlzeit beendet. »Genial.«

»Allerdings«, sagte Sage, die offensichtlich stolz darauf war, als Augenzeugin dabei gewesen zu sein. »Die Dummdödel waren platt, als Ruthie sie erwischt hat.«

Favian riss den Mund auf und zeigte auf die glitzernde Pfütze unter seiner Zunge. »Schaut mal, ich sabbere schon vor lauter Drama. Ich reagier auf die Geschichte wie ein pawlowscher Hund!«

»Ich hätte es zu gern gesehen«, sagte Tomoyo.

»Aber das kannst du doch.« Ruthie strahlte. »Es ist überall auf Insta!«

Ruthie verstand selbst nicht, wie sie so begeistert und stolz vom Wochenende erzählen konnte. Denn vor nicht mal zwanzig Stunden hatte sie noch heulend mit Foxie im Arm im Bett gelegen wie eine kleine, verrotzte Kugel. Hatte nicht essen, nicht schlafen, nicht schreiben können und sich immer wieder gefragt, wie ihre sogenannten Freundinnen sie nur so hintergehen konnten.

Sage bezeichnete Drew und Fonda weiter als Dummdödel, aber eigentlich fühlte Ruthie sich wie der Dummdödel. Denn es war genau so gekommen, wie sie befürchtet hatte, seit Fonda am ersten Schultag die Buchstaben TSF auf ihrem Stundenplan entdeckt hatte. Drew und Fonda hatten sich tatsächlich von ihr abgewandt, aber sie war zu naiv gewesen, um es zu bemerken. Zu dummdödelig eben.

Hätte sich ihr Hirn nicht so verzweifelt nach einer Auf-

192

gabe gesehnt – also einer anderen, als sich hintergangen zu fühlen –, hätte Ruthie jetzt selbst eine Lebensmittelvergiftung vorgeschoben und den Tag im Bett verbracht. Aber sie hatte es satt, weiter über die Mädchen nachzudenken, die ihr von hinten den Dolch in den Rücken gerammt hatten. Jetzt hielten ihr die Titanen den Rücken frei und sorgten dafür, dass die Wunde heilte. Ja, sie hatte zwei Freundinnen verloren – aber dafür acht neue Freunde gewonnen.

Während sie noch darüber nachdachte, schlug Rhea gegen die antike Klangschale, die in der TSF den Gong ersetzte. Der Schultag war vorbei. Jetzt mussten sie nur noch ihre Noten abholen und …

Direkt vor dem Eingang blieb Ruthie wie vom Blitz getroffen stehen. Die Reue drückte sie förmlich nieder. Was hatte sie nur getan? Auf ihrem Test würde das Wort mit U stehen. Ungenügend. Zu schlecht für die TSF. Was bedeutete: normaler Unterricht, in dem ihr Gehirn absterben würde vor Langeweile. Und Fonda und Drew, die jeden Tag aufs Neue ihr Herz zermalmen würden.

Ruthie blieb nur ein Ausweg. Sie musste nach dem Unterricht bleiben und Rhea gestehen, was sie getan hatte. Aber was sollte sie ihr sagen? Dass sie die TSF für zwei Freundinnen verlassen wollte, denen sie vollkommen egal war?

Doch Rhea gab ihnen die Tests gar nicht zurück. Stattdessen wünschte sie allen einen schönen Abend und bat Ruthie, nach dem Unterricht noch kurz zu bleiben.

»Das passt gut«, sagte Ruthie und trat ans Lehrerpult. »Ich wollte nämlich auch gern noch etwas besprechen.«

»Toll«, sagte Rhea mit einem geistesabwesenden Lächeln. »Deine Mutter und dein Vater müssten auch gleich hier sein. Dann können wir das gemeinsam klären.«

»Meine El ...«

»Hallo, Ruthie«, sagte ihr Vater, als die beiden das Klassenzimmer betraten.

Die Goldmans trugen ihre Arbeitssachen – Fran einen rosa Krankenhauskittel und Steven einen Anzug –, was bedeutete, dass sie von der Arbeit direkt zur Schule gerauscht waren. Obwohl sie eigentlich noch drei Stunden hätten arbeiten müssen. TSF = Talent-Sonderförderung? Ruthie fand »*Traumatisierte Schülerin fantasiert*« gerade passender. Anders konnte sie sich die Anwesenheit ihrer Eltern nicht erklären.

»Setzen Sie sich«, sagte Rhea und deutete auf die weißen Sitzbälle. Fran und Steven wechselten einen Blick, dann hockten sie sich vorsichtig darauf, schaukelten hin und her und reichten sich gegenseitig die Hände zur Stabilisierung. Unter anderen Umständen wäre die Situation zum Wegschmeißen gewesen, aber die beiden schienen das Ganze nicht sonderlich komisch zu finden.

»Danke, dass Sie so kurzfristig kommen konnten«, sagte Rhea und reichte Ruthies Dad einen dünnen Stapel Unterlagen. Ruthie konnte die Rotstifteinträge darauf erkennen, als er durchblätterte. 73 Prozent in Mathe, 68 Prozent in Naturwissenschaften, 71 Prozent in Englisch.

Sogar im Versagen versage ich!

Obwohl Ruthie gar nicht mehr versagen wollte. Inzwischen hätte sie alles dafür getan, um in der TSF bleiben zu können. Bei den einzigen Freunden, die sie noch hatte.

»Oh«, sagte ihr Dad und knöpfte sein Jackett auf. »Ich hatte mit Schlimmerem gerechnet.«

Fran drehte sich so abrupt zu ihm, dass sie fast auf den Boden gepurzelt wäre. »Wirklich?«

»Was denn?«

»Sie hatte noch nie weniger als siebenundneunzig Prozent in einem Test!«

Eigentlich waren es sogar achtundneunzig, aber der Zeitpunkt schien Ruthie unpassend für Haarspaltereien.

»Ich hab dir doch gesagt, dass ihr das alles zu viel ist«, schimpfte ihre Mom. »Aber du meintest ja, dass ich hysterisch bin.«

»Das habe ich so nie gesagt, Fran«, antwortete ihr Dad und wechselte in den Anwaltsmodus. »Ich habe nur gesagt, wir sollten ihr noch etwas Zeit geben.«

»O nein, ich erinnere mich genau, dass du das Wort *hysterisch* verwendet hast.«

»Nun, da irrst du dich.«

»Nein, *du* irrst dich.«

Rhea räusperte sich. »Ehrlich gesagt glaube ich, dass Sie sich beide irren«, merkte sie vorsichtig an. »Ruthie ist nicht überfordert, und sie braucht auch nicht mehr Zeit. Sie ist eine überaus begabte Schülerin mit fotografischem

Gedächtnis und einem unstillbaren Wissensdurst. An Fähigkeiten mangelt es Ruthie ganz sicher nicht.«

Fran und Steven schienen bei ihren Worten etwas größer zu werden, selbst ihre Sitzbälle hörten plötzlich auf zu wackeln.

»Und was ist es dann?«, wagte ihre Mom schließlich zu fragen.

»Ich vermute, dass Ruthie absichtlich schlecht abgeschnitten hat.«

»Absichtlich?«, wiederholten ihre Eltern im Chor.

»Oh, das wäre nicht das erste Mal in diesem Kurs. Auch wenn ich zugeben muss, dass ich das von Ruthie nicht erwartet hätte«, erklärte Rhea mit einem enttäuschten Stirnrunzeln. »Die meisten Kinder würden sich in Entenkot suhlen, um an diesem Programm teilnehmen zu d …«

»Ein merkwürdiges Bild«, brummte Ruthies Dad.

Rhea ignorierte ihn und fuhr fort: »Aber es gibt auch Schüler, die nicht in der TSF bleiben möchten. Sie finden das Programm … nun ja, nicht ungeteilt positiv. Und ich glaube, das ist auch der Grund, warum Ihre Tochter absichtlich so schlecht abgeschnitten hat.« An Ruthie gewandt fragte sie: »Könnte an meiner Theorie etwas dran sein?«

Ruthie überlegte kurz. Was sie jetzt gleich sagte, würde bei ihrer Mutter vermutlich nicht sonderlich gut ankommen. Aber sie hatte die Lügen und Ausflüchte satt. Ganz egal, wie gut sie gemeint waren, am Ende verursachten sie mehr Leid als die Wahrheit. Und Ruthie wollte nicht mehr leiden. »Meine Mom und ich haben uns neulich darüber unterhalten, wie schwer es manchmal ist, Herz und Kopf gleichzeitig glücklich zu machen, und da meinte sie … Sie meinte, ich solle auf mein Herz hören.«

»Das hast du gesagt?«, fragte Steven.

Fran legte den Kopf in den Nacken. »Moment mal. Jetzt ist das plötzlich alles meine Schuld?«

»Du hast gesagt, wenn du dich entscheiden müsstest, würdest du das Herz nehmen.«

»Ruthie, da ging es um den Konflikt zwischen meiner Arbeit und meiner Familie. Und es stimmt: Ich würde deinen Dad und dich immer über meine Praxis stellen. Aber ich konnte doch nicht ahnen, dass du *so was* planst.«

Ruthie senkte den Blick, bemerkte wieder einmal, dass ihre Freundschaftsarmbänder weg waren, und spürte Tränen in ihren Augen brennen. Sie war bereit gewesen, ihre Zukunft für zwei Personen zu opfern, die im Gegenzug nicht mal bereit waren, einen einzigen Freitagabend für sie zu opfern. Wie erbärmlich und traurig war das denn bitte? Wie hatte sie sich nur so irren können?

»Ruthie!«, mahnte ihr Dad. Er war ein knallharter Strafverteidiger. Mit Tränen kam man bei ihm nicht weiter.

»Was war dir wichtiger als die Schule?«

»Meine Freundinnen«, piepste sie.

»Deine was?«

»Drew und Fonda«, sagte ihre Mom.

Ruthie nickte. Dicke Tränen kullerten ihr über die Wangen. »Aber ich habe meine Meinung geändert«, fügte sie hastig hinzu. »Ich will in der TSF bleiben, ganz sicher!«

»Damit wäre der Fall wohl geklärt«, sagte Steven zu Rhea, stand auf, knöpfte sich das Jackett wieder zu und legte die Testergebnisse zurück aufs Lehrerpult. »Tut mir leid, dass wir Ihre Zeit in Anspruch genommen haben, Rhea.«

»Ganz so einfach ist das nicht«, erwiderte Rhea. »Ich habe empfohlen, dass Ruthie in den normalen Unterricht wechselt. Wir wollen, dass unsere Studenten hier glücklich sind. Und da Ruthie offensichtlich unglücklich ist ...«

Ruthie stand auf. »Aber ich *bin* doch glücklich! Ich will bleiben!«

Rhea begann, ihre Sachen in einem Jutebeutel zu verstauen. »Ruthie. Die TSF ist ein Sonderprogramm, das nur funktioniert, wenn die Schüler wirklich hier sein wollen. Ich glaube, es wäre das Beste für dich, dem normalen Schulalltag eine Chance zu geben. Wenn deine Noten so gut bleiben wie bisher, können wir nächstes Jahr über einen zweiten Versuch sprechen.« Zu Ruthies Eltern gewandt sagte sie: »Danke für Ihr Kommen. Ich hoffe, Ihre Tochter findet, was sie sucht. Es war mir ein Vergnügen, sie in meiner Klasse zu haben.«

Rhea verschwand und ließ Ruthie allein mit ihren Eltern und dem ersten schulischen Problem, für das sie keine Lösung wusste.

24. KAPITEL

Am Montag nach der Schule knallte sich Doug mit einer Obstschüssel im Schoß neben Drew aufs Sofa und schaltete den Fernseher ein. Er roch nach Sonnencreme und Surfen. Wenigstens einer von ihnen hatte noch Spaß im Leben.

»Du darfst abends nicht fernschauen, wenn wir am nächsten Tag Schule haben«, erinnerte ihn Drew, nicht, weil ihr die Familienregeln so wichtig waren, sondern weil sie weiter still und allein vor sich hin leiden wollte.

»Mom und Dad sind wandern, wir haben noch eine Stunde.« Er zappte durch die Sender und entschied sich schließlich für eine Doku über Kriegsveteranen.

Während Doug fernsah und dabei einen Apfel schälte, durchlebte Drew in Gedanken noch einmal die Schrecken des vergangenen Tages.

1. Wie Ruthie eine halbe Stunde zu früh das Haus verlassen hatte, nur damit sie nicht zusammen zur Schule gehen mussten.

2. Wie sie selbst und Fonda später auf verschiedenen Straßenseiten gelaufen waren, damit sie sich aus dem Weg gehen konnten.

3. Wie sie so tun musste, als würde sie Fonda auf der anderen Straßenseite nicht bemerken.

4. Wie sie vier Schulfächer lang so tun musste, als würde sie nicht bemerken, dass Fonda im selben Raum saß wie sie.

5. Wie sie in der Mittagspause allein in der Bibliothek essen musste.

6. Wie sie aus der Bibliothek geworfen wurde, weil man dort nicht essen durfte.

7. Wie sie Will während der gesamten Mittagspause nicht eine Sekunde lang gesehen hatte.

8. Wie sie nach der Schule mit ansehen musste, dass Will und Henry auf ihren Skateboards vor ihr flüchteten.

9. Wie auf dem Heimweg von der Schule die gesamte Familie Goldman im Auto an ihr vorbeifuhr und ihr nicht anbot, sie mitzunehmen. (Fonda befand sich zu dem Zeitpunkt auf der anderen Straßenseite und durfte auch nicht mitfahren, was immerhin ein kleiner Trost war).

♡

10. Wie ihr klar geworden war, dass ihre Ex-Nesties nur ein paar Türen weit entfernt waren und sie trotzdem nicht mit ihnen reden konnte.

Dougs Doku handelte unter anderem von einem Veteranen namens Mo, der auf tragische Weise sein Bein verloren hatte und nun unter etwas litt, das er als »Phantomschmerzen« bezeichnete.

»Was ist das?«, fragte Drew.

»Er hat echte Schmerzen, da, wo früher mal sein Bein war.«

Hätte sie letzte Woche davon gehört, hätte Drew sich sicherlich gefragt, wie ein amputiertes Körperteil Schmerzen verursachen konnte. Er war ja nicht mehr da. Aber jetzt verstand sie. Fonda und Ruthie hatten zu ihr gehört wie ihre Arme und Beine. Und obwohl sie die Freundinnen verloren hatte, konnte Drew sie immer noch spüren. Der Schmerz war schlimmer als alles, was sie je erlebt hatte.

»Ich weiß, was mit deinen Freundinnen und dir los ist«, sagte Doug, ohne den Blick vom Fernseher zu lösen.

»Woher?«

»Insta.«

»Na toll.« Drew nahm das Messer aus Dougs Schüssel und hielt es ihm hin. »Hier, hilf mir mal, die Freundschaftsarmbänder abzuschneiden.«

»Alle?«, fragte Doug. »Sicher?«

»Darauf kannst du einen lassen.«

Doug hob die linke Pobacke und ließ einen fahren.

»Iihh!« Drew knallte ihm eins der Kissen auf den Hintern. »Das war doch nicht wörtlich gemeint!«

»Was denn?« Er lachte.

Sie hielt ihm den Arm hin. »Jetzt mach schon.«

Er durchtrennte alle acht Bänder und fing die herabfallenden Perlen mit der Schüssel auf. Drews Magen krampfte sich zusammen. Warum nur hatte sie gelogen? Vielleicht hätten Ruthie und Fonda sie doch unterstützt. Warum hatte sie ihnen nicht vertraut?

»Ich glaub das alles einfach nicht«, schluchzte sie, weil sie keine Sekunde länger so tun konnte, als sei die Welt in Ordnung. »Ruthie ist sauer auf mich, ich bin sauer auf Ruthie. Fonda ist sauer auf mich, ich bin sauer auf Fonda. Und auf mich selbst bin ich auch sauer, w ...«

»Schluss damit!« Doug ließ noch einen fahren. »Mädchenkram kannst du Mom erzählen, schon vergessen? Ich interessiere mich nur für den Jungskram.«

Drew rollte sich zusammen, drückte sich ein Kissen gegen die Brust und erzählte ihm alles über ihren Abend mit Will. Vom Skaten im Sonnenuntergang über den Henry-Skandal und das Wort mit M bis hin zu Ruthie, die alles kaputtgemacht hatte.

»Jepp, den Teil hab ich im Video gesehen. Hast du echt gesagt, du würdest Will nicht mal helfen, wenn er verletzt wäre?«, fragte Doug.

»Theoretisch schon, aber ...«

»Mit der Einstellung kriegst du aber keinen Ausbildungsplatz zur Krankenschwester.«

»Meine Zukunft ist mir gerade egal. Ich mach mir Sorgen um Will.«

Doug fletschte die Zähne wie das Grimassen-Emoji und schüttelte sich. »Das solltest du auch. Alle auf der Party haben mitbekommen, was du über ihn gesagt hast, und dann ist das Ganze auch noch viral gegangen! Von so was erholt man sich nicht so schnell.«

Drew trat ihm in den Oberschenkel. »Ich fühl mich auch so schon schlimm genug.«

»Tut mir leid.« Doug schaltete den Fernseher aus und wurde ernst. »Habt ihr seitdem mal miteinander geredet?«

»Nein. Er ist einfach abgehauen, und heute in der Schule ist er mir die ganze Zeit aus dem Weg gegangen.«

»Und was willst du jetzt machen?«

»Ihm sagen, dass es mir leidtut.«

»Nein«, sagte Doug. »Das reicht nicht. Du musst es ihm *zeigen*.«

Nach dem Abendessen suchte Drew Wills Adresse aus dem Schulhandbuch heraus und bat Doug, sie hinzufahren.

»Warte an der Straßenecke auf mich, ja?«, sagte sie.

»Und warum nicht vor seiner Tür?«

»Weil ich nicht will, dass du zuschaust.«

»Wieso?«

»Weil das voll peinlich ist.«

»Tja, so ist das mit der jungen Liebe«, zog er sie auf, ehe er weiterfuhr. Da stand sie nun um halb neun abends im Vorgarten ihres Schwarms, umgeben von Gartenzwergen, die womöglich ironisch gemeint waren, womöglich aber auch nicht. In der einen Hand hatte sie ihren Laptop, in der anderen einen Spielzeug-Football.

Drew schlich um das Haus herum, um Wills Zimmer zu suchen. Es ging nach hinten raus und lag im ersten Stock, mit Blick auf den Pool. Er hatte einen Pool! Die Vorhänge waren blau und seine Wände tapeziert mit Skate-Postern. Typisch Will, dachte sie. Dann schickte sie ein Stoßgebet gen Himmel, dass er in den nächsten zehn Minuten in seinem Zimmer auftauchte. Spätestens um neun mussten sie nämlich wieder zu Hause sein.

Nach ungefähr acht Minuten öffnete sich seine Zimmertür, und Drew warf den Ball gegen sein Fenster. Er schaute nach draußen, dann verschwand er aus ihrem Sichtfeld. Sie suchte den Football und warf ihn noch mal. Und noch mal.

Bis Will irgendwann das Fenster aufriss und aus vollem Hals brüllte: »Alter!«

204

Mit zitternden Händen hob Drew den Laptop über ihren Kopf und spielte eine Szene aus *The Skateboard Kid* ab. In der Szene wird Rip, das Skateboard, vom Blitz getroffen und zum Leben erweckt. »Ich bin zurück«, sagt es zu Zack Tyler. »Und ich bin so richtig in Fahrt.«

Drew war sicher, Will damit zum Lachen zu bringen. Oder zumindest dazu, mit ihr zu reden.

War aber leider nicht so.

Will knallte das Fenster zu, ehe die Szene vorbei war. Erst dachte Drew, er würde zu ihr nach draußen kommen, um sich ihre Entschuldigung anzuhören. Also legte sie den Laptop ins Gras, zupfte sich den Pferdeschwanz zurecht und wischte sich die klammen Hände an der Jogginghose ab. Dann wartete sie ... und wartete ... und wartete ...

Aber Will kam nicht.

25. KAPITEL

Ava H. schob ihren Bio-Putenwrap beiseite und beugte sich vor. »Also …«, begann sie verschwörerisch. Fonda saß jetzt schon den zweiten Tag in Folge am Mittagsgartentisch der Avas, womit der vierte Platz praktisch ihr gehörte.

»Woher kommt der Name Fonda eigentlich? Norwegen?«

»Nein, der ist feministisch. Meine Mom steht auf starke Frauen. Meine Schwestern heißen Winfrey – wie Oprah – und Amelia – wie Earhart. Also, die Frauenrechtlerin. Und ich bin Fonda – wie Jane.«

»Hä?«, machte Ava G. »Fonda Jane? Nie gehört.«

»Eigentlich heißt sie auch Jane Fonda.«

»Ist das die mit den Schimpansen?«

»Nein, das ist Jane Goodall«, warf Ava H. ein und klimperte mit ihren Wimpern-Extensions. »Jane Fonda ist diese riesige Frau, die Sue Sylvester in *Glee* gespielt hat.«

»Das war Jane Lynch«, korrigierte Fonda. Drew und Ruthie hätten sich nicht mehr eingekriegt, wenn sie diesen Blödsinn gehört hätten. Vor allem, weil die Avas genauso wie die Janes denselben Vornamen hatten und eigentlich etwas sensibler für das Thema hätten sein müssen. »Jane Fonda war Menschenrechtsaktivistin und hat sich gegen den Vietnamkrieg und den Klimawandel stark gemacht. Und sie hat als Schauspielerin einen Haufen Preise gewonnen.«

Aber die Avas interessierten sich nicht für Jane, sondern für Fonda. Fonda Miller, Star des meistgeklickten Party-Posts aller Zeiten. Fonda Miller, Königin der Ironie. Denn ein besseres Wort gab es nicht, um zu beschreiben, wie es sich anfühlte, sein Leben lang wichtig sein zu wollen, nur um sich schrecklich zu fühlen, sobald es endlich der Fall war. Na gut, blöd war es auch. Total blöd.

Egal ob Schulflur, Klassenzimmer, Toiletten oder *Starbucks*: Überall, wo Fonda seit der Party aufgekreuzt war, hatte sie irgendjemand auf das Video angesprochen. »Krasser PP« oder »Voll aufgeflogen, was?«.

Anfangs hatte sich die Aufmerksamkeit noch gut angefühlt. Sie war ein Türöffner für alle Partys der Poplar Middle, sorgte dafür, dass die ganze Schule von ihrer

Freundschaft mit den Avas erfuhr, und verbreitete die frohe Kunde, dass es in Fondas Leben Platz für neue Freundschaften gab.

Nur dass das eigentlich nicht stimmte. Denn in ihrem Herzen waren alle Plätze besetzt.

Es langweilte sie, den Avas die Geschichte hinter ihrem Namen zu erzählen. Sie fand es nervig, ihre Insiderwitze entschlüsseln zu müssen. Und es war anstrengend, ständig so zu tun, als sei sie jemand, der sie gar nicht war: ein immer gut gelaunter PP-Star, der schon vor Ewigkeiten seine Tage bekommen hatte. Mit Ruthie und Drew war alles immer so entspannt und angenehm gewesen. So wie es mit besten Freundinnen eben sein sollte. Aber Ruthie hatte ihre Freundschaft für beendet erklärt. Und Drew hatte Fonda seit Freitag keines Blickes mehr gewürdigt.

Fonda packte ihr Sandwich, das sie nicht angerührt hatte, wieder ein. War es das wirklich gewesen? War es vorbei mit ihnen? Sie befragte ihr Bauchgefühl, das eindeutig auf Ja tippte. Im Englischunterricht hatte sie gesehen, dass Drew die Freundschaftsarmbänder nicht mehr trug. Und als sie zwischen den Stunden Ruthie auf dem Gang begegnete und sie fragte, warum sie nicht in der TSF war, hatte Ruthie sie einfach ignoriert.

War Fonda jetzt eine Ava? Jahrelang hatte sie sich nichts sehnlicher gewünscht, aber jetzt, wo es so weit war, fühlte es sich merkwürdig an. Als würde sie die Flip-Flops von jemand anders tragen: Die Gummisohle war an den falschen Stellen abgelaufen und die Zehenabdrücke waren nicht ihre. Für den Notfall reichten sie, aber Fonda wollte etwas für die Ewigkeit. Etwas, auf das sie sich verlassen konnte.

Ava R. wedelte ihr vor dem Gesicht herum. »Halllooooo? Hörst du überhaupt zu?«

»Ja, klar, tut mir leid. Irgendwas mit Haaren, oder?«

»Ich habe gefragt, seit wann du einen Lockenstab benutzt.«

Fonda berührte ihren Hinterkopf. Keine glatten Spaghettihaare mehr, sondern wilde, herumspringende Locken. »Das ist mein natürliches Haar. Ich habe es heute Morgen nicht geglättet.«

»Och, menno.« Ava G. zog eine Schnute. »Nichtnatürlich fanden wir besser.« Sie schob sich eine Strähne ihres seidigen Haars zurück, wodurch ein letzter Rest Goldfarbe an ihrer Schläfe sichtbar wurde.

»Wisst ihr was?«, fragte Ava R. »Ich hab heute in Bio die TK gezogen. Als Erste im ganzen Jahrgang!«

Die Avas klatschten sich gegenseitig ab, nur Fondas Arm blieb unten, weil sie wieder mal keine Ahnung hatte, worum es ging.

»Und warum?«, fragte Ava G.

»Wir mussten Frösche sezieren. Würg!«

Fonda ließ sie noch eine Weile weiterreden, weil sie hoffte, dass sich irgendwann von selbst klären würde, was eine TK war. Aber irgendwann knickte sie ein.

»Was ist eine TK?«

»Die Tagekarte«, erklärte Ava R. »Man zieht sie, wenn man sich drücken will. Du weißt schon ... schreckliche Krämpfe und so.«

Fonda zuckte mit den Achseln. Sie kapierte es immer noch nicht.

»Menstruationsbeschwerden.«

»Ja, den Teil hab ich verstanden.«

»Das ist die beste Ausrede überhaupt.«

»Vor allem bei männlichen Lehrern«, fügte Ava H. hinzu. »Glaub mir, keiner wird je einen Beweis fordern.«

Fonda wünschte, sie hätte für das gesamte restliche Schuljahr die Tagekarte ziehen können. Sie vermisste Drew und Ruthie. Sie waren ihre bequemen, perfekt passenden Schuhe. Schuhe, die ihr Halt gaben.

Den restlichen Nachmittag verbrachte Fonda damit, Strategien zu erarbeiten. Anstatt sich auf den Unterricht zu konzentrieren, schrieb sie seitenweise kitschige Entschuldigungsgedichte und ausführliche Pläne, wie sie ihre Freundinnen zurückerobern konnte. Aber erst in der letzten Stunde, als sich alle für den Sportunterricht umzogen, entschied sie sich für eine konkrete Vorgehensweise.

»Coach Pierce«, jammerte sie und hielt sich den Bauch.

Er spuckte die Pfeife aus dem Mund. »Sag bloß nicht, du hast deine Uniform vergessen.«

»Nein, die hab ich. Aber ich ...« Sie verzerrte das Gesicht wie die Frauen im Fernsehen, wenn sie in den Wehen lagen. »Ich glaube nicht, dass ich heute laufen kann.«

Der Coach verschränkte die Arme über seinem Kugelbauch. »Und warum nicht?«

»Menstruationsbeschwerden.«

Er musterte sie mit zusammengekniffenen Augen, als hätte er einen Röntgenblick und könnte Gedanken lesen.

Fonda verzerrte wieder das Gesicht.

»Na gut«, seufzte er, »geh schon.« Er gab ihr einen Zettel mit und schickte sie ins Krankenzimmer. Doch Fonda marschierte auf direktem Weg durch den Hauptausgang der Poplar Middle School.

In der siebten Klasse hatte ihre Mom dem Direktor einen Brief geschickt, in dem sie ihrer Tochter gestattete, das Schulgelände zu verlassen, wann immer sie wollte. »Wenn du schwänzen willst, mach nur«, hatte sie gesagt. »Es ist deine Ausbildung, nicht meine. Niemandem sollte sie so wichtig sein wie dir.«

Fonda hatte die Möglichkeit noch nie genutzt und sich geschworen, es auch nie zu tun. Aber das hier war ein Notfall. Fonda wollte ihre Nesties zurück, um jeden Preis.

Um Viertel vor vier hatte Fonda Position in ihrem Vorgarten bezogen. Flankiert von zwei Geschenktüten hockte sie in einem Strandstuhl. Ob ihr Plan funktionieren würde? Nervös hielt sie ihr Gesicht in die Sonne, um positive Energie zu tanken. Auf der Stromleitung über ihrem Kopf kauerten drei Krähen.

Nesties, dachte sie. Das war ein gutes Zeichen.

Im selben Augenblick erschienen Drew und Ruthie (auf verschiedenen Straßenseiten) und hasteten zu ihren Häusern.

Fonda stand auf. »Wartet!«, rief sie.

Die Krähen flogen davon, die Mädchen liefen weiter.

»Können wir bitte reden?«

Als die beiden schon ihre Haustüren erreicht hatten, schrie Fonda: »Stopp!«

Drew und Ruthie hielten zwar an, drehten sich aber nicht zu ihr um.

»Schon in Ordnung, ihr braucht mich nicht anzusehen.«

Fonda atmete tief durch. Sie hatte schon Millionen Mal mit Ruthie und Drew gesprochen, aber noch nie hatten ihr dabei so die Hände gezittert, und noch nie war ihre Kehle dabei wie zugeschnürt gewesen. War es zu spät für eine Versöhnung? Was, wenn ihre Nesties nie wieder mit ihr reden wollten? Was, wenn die einzigen Freundinnen, die Fonda wirklich wichtig waren, beschlossen hatten, dass Fonda ihnen nicht mehr wichtig war?

»Ich möchte euch ein paar Dinge sagen«, fing sie an. »Es reicht, wenn ihr einfach nur zuhört. Wenn ich etwas sage, das euch gefällt, könnt ihr ja vielleicht einen Schritt auf mich zugehen. Und wenn ich was sage, das euch nicht gefällt, dann … keine Ahnung, bleibt ihr eben einfach, wo ihr seid.«

Keine Reaktion.

Fonda sah ein letztes Mal zur Sonne hoch. *Du schaffst das schon,* schien die zu sagen.

»Die vier Tage ohne euch waren furchtbar. Ich saß in der Mittagspause bei den Avas, und die ganze Zeit dachte ich nur: ›Ich würde viel lieber mit Drew auf der Wiese essen und Ruthie vermissen.‹ Nicht weil die drei doof sind oder so. Sondern weil sie nicht Drew und Ruthie sind.«

Die Mädchen bewegten sich keinen Zentimeter.

»Es tut mir leid«, fuhr Fonda fort. »Ich habe euch beiden wehgetan.« Sie wartete kurz, ob sie sich umdrehen und vielleicht sogar einen Schritt auf sie zukommen würden. Aber es passierte nichts. »Nicht nur, weil ich gelogen habe. Klar, das war mit Abstand das Gemeinste. Aber ich hab auch noch andere gemeine Sachen getan.«

Immer noch nichts.

»Ich wollte um jeden Preis von den Avas bemerkt werden. Als ob ich ein Samen wäre, der sich nur durch die Avas in eine schöne Blume verwandeln könnte, mit der jeder Selfies machen will.«

»Keine Ahnung, was du mir damit sagen willst«, informierte Ruthie ihre Haustür.

»Okay, der Vergleich war nicht so gut. Was ich sagen will: Irgendwann *haben* sie mich bemerkt, aber es hat mich nicht glücklich gemacht. Es hat meine Probleme nicht gelöst, und ich hatte nie das Gefühl, dazuzugehören. Ich kam mir vor wie ein einsamer Dummdödel, der von Anfang an hätte wissen müssen, dass er zu *euch* gehört.«

Drew und Ruthie drehten sich um.

Der Druck auf Fondas Brust ließ ein bisschen nach.

»Mit uns war alles perfekt. Aber ich wollte uns unbedingt ändern. Nur, um ein paar Fremde zu beeindrucken. Das war erbärmlich und traurig und die totale Zeitverschwendung. Weil ihr nämlich die Einzigen seid, die ich beeindrucken will.«

Ruthie machte einen Schritt auf sie zu.

»Ruthie, ich bin so stolz darauf, eine geniale Freundin mit einer extravaganten französischen Frisur zu haben, die keine Angst hat, sie selbst zu sein.«

Noch ein Schritt.

»Ich hätte nie versuchen sollen, dich zu überreden, mehr wie ich oder Drew oder sonst irgendwer zu sein. Denn am meisten mag ich an dir, dass du anders bist als alle anderen. Du bist einzigartig, wie ein Einhorn, das Fro-Yo pupst und Puzzleteile niest. Und ich will nicht, dass sich das ändert.«

Schritt.

»Es ist mir sogar egal, dass du gesagt hast, ich sei ein Dummdödel. Weil ich nämlich einer war. Der dummdödeligste Dummdödel überhaupt.«

Schritt. Schritt.

»Ich hätte euch sagen sollen, dass ich auf die Party eingeladen war. Und ich hätte einfach fragen sollen, ob wir das Special-Spa-Sleepover nicht um einen Abend verschieben können. Wenn euch das verletzt hätte, hätten wir drüber reden können. Aber die Chance habt ihr nie bekommen, und das bereue ich total.«

Schritt. Schritt.

214

Ruthie war jetzt so nah, dass Fonda erkennen konnte, dass sie Regenbogensocken trug. »Falls ich jemals wieder auf eine Party eingeladen werde, sage ich nur zu, wenn ihr beide auch eingeladen seid. Und ich werde nie wieder eine unserer Verabredungen absagen.«

Schritt.

Armkontakt.

Oberkörperkontakt.

Umarmung!

Alles in Fonda wurde ganz warm und weich, als ihr Ruthies vertrauter Erdbeershampooduft in die Nase stieg. So ähnlich fühlte sich die Erleichterung an, wenn sie sich nach der Schule eine bequeme Jogginghose anzog. Als müsse sie sich nicht mehr bemühen und könnte endlich entspannen.

»Deine Haare gefallen mir so viel besser«, sagte Ruthie, als sie sich wieder losließen. »Auch wenn du Locken nicht so stylish findest wie glatte Haare. Sie gehören einfach zu dir. Oh, und es tut mir leid, dass ich gesagt habe, du seist ein Dummdödel.«

»Das muss es nicht.« Fonda lächelte. »Ich war ja einer.«

Sie umarmten sich noch mal, und auf einmal war die Welt wieder in Ordnung.

Jedenfalls fast.

Drew stand immer noch vor ihrer Haustür wie ein Kind, dessen Eltern vergessen hatten, es von der Schule abzuholen.

»Tut mir leid, dass ich dir nicht geglaubt habe, dass es

einen Grund für Wills komisches Verhalten geben muss. Denn es gab ja offenbar einen. Sonst wärst du wohl kaum mit ihm auf die Party gegangen, oder?«

Drew machte einen Schritt.

»Und ich schätze mal, du hast diesen Grund auch herausgefunden.«

Noch ein Schritt.

»Und falls du mir jemals verzeihen solltest, verrätst du mir hoffentlich, welcher Grund das ist.«

»Nur wenn du endlich aufhörst, ständig *Grund* zu sagen«, sagte Drew, bevor sie sich hastig den Mund zuhielt.

»Mach ich.«

Noch ein Schritt.

Ein Kribbeln schoss Fondas Nacken hinauf. Trotz all dem Schmerz und Groll hatte sich nichts zwischen ihnen verändert. »Ich war nur so gegen Will, weil er sich komisch benommen hat und du dich deswegen auch komisch benommen hast. Ich fand, du hättest was Besseres verdient. Ich wollte nur, dass es dir gut geht.«

Drew machte noch einen Schritt, doch Fonda war das nicht nah genug. Sie wollte ihre Freundin so dicht bei sich haben, dass sie die Narbe zwischen Drews Lippe und dem linken Nasenloch erkennen konnte. Die hatte sie, seit sie mit acht mit verbundenen Augen Fangen gespielt hatten und Drew gegen einen Ast gelaufen war.

»Ich hätte nie so tun dürfen, als hätte ich mir den Magen verdorben, nur um auf eine Party gehen zu können. Und ich hätte dir nie das Gefühl geben dürfen, dass *du* so tun musst, als hättest du dir den Magen verdorben, um auf ein Skate-Date gehen zu können. Wenn du das nächste Mal ein Skate-Date hast, sag Bescheid, ich helf dir mit den Protektoren.«

Drew machte zwei Riesenschritte und blieb neben dem Auto ihrer Mutter stehen. Noch vier Schritte, und Fonda würde die Narbe erkennen können.

»Du bist toll. Allein schon, weil du keine Angst hast, mit Protektoren auf eine Party zu gehen.«

Schritt.

»Und Will muss auch total in Ordnung sein, weil er die Sache mit den Protektoren witzig fand.«

Schritt.

»Du bist so toll, dass sich alle Jungs in dich verknallen werden und du dieses Jahr vermutlich ein Skate-Date nach dem anderen hast. Und ich will da sein, um Fotos von dir zu machen und dich zu umarmen, ehe du losfährst.«

Schritt.

»Und ich will *alles* erfahren, wenn du wiederkommst.«

Schritt.

Narbe.

Armkontakt.

Oberkörperkontakt.

Umarmung!

»Es tut mir leid, dass ich so getan habe, als hätte ich mir den Magen verdorben«, sagte Drew. »Ich hätte euch beiden die Wahrheit sagen müssen«, fügte sie hinzu, als

Ruthie sich in die Umarmung drängte. »Es war mir einfach peinlich, dass ich Will trotz allem, was ihr gesagt habt, immer noch mochte. Und es tut mir außerdem leid, dass ich die Sache mit der Farbe des Tages ignoriert habe. Ich hatte Uniformen einfach so satt, und ...«

»Schon okay«, sagte Fonda. »Ich hätte euch nie vorschreiben dürfen, was ihr anziehen sollt. Aber wisst ihr, was mir am meisten leidtut?«

Die Mädchen schüttelten den Kopf.

»Dass ich die letzten vier Tage nicht mit euch rumhängen konnte.«

Als sie sich wieder umarmten, sah Fonda kurz zu der Stromleitung hoch und musste lächeln. Die drei Krähen waren wieder da.

»Von jetzt an will ich alles über die TSF und Will wissen. ALLES! Ihr dürft keine Einzelheit auslassen ...«

Drew sank in sich zusammen. »Will redet nicht mehr mit mir.«

»Und ich bin aus der TSF geflogen.«

»Was?« Fonda schnappte nach Luft. »Deswegen hab ich dich ständig im Gang gesehen?«

Ruthie nickte stumm, sie schien kein Wort herauszubringen.

»Das kriegen wir wieder hin«, versprach Fonda.

»Und wie?«, fragte Drew.

Fonda klatschte *Keine Ahnung* in Morsezeichen, woraufhin sie alle drei lachen mussten. Dann sagte sie: »Moment, ich hab was für euch!«

Sie reichte ihren Nesties jeweils eine Geschenktüte. Stolz beobachtete sie, wie sie das Geschenkpapier öffneten und ihre weiß-rot gepunkteten Tagetäschchen herausholten.

»Danke«, sagte Ruthie höflich, »aber wir haben unsere Tage doch noch gar nicht.«

»Macht auf«, sagte Fonda.

Sie öffneten die Reißverschlüsse. Bestimmt hatten sie mit Binden und Feuchttüchern, Ziploc-Tüten, Unterhosen und ein paar Reese's Pieces gerechnet, aber Fonda war ja kein Dummdödel. Jedenfalls nicht mehr.

»Neue Freundschaftsarmbänder!« Drew lächelte.

»Wann hast du die gemacht?«, fragte Ruthie und bewunderte die Goldperlen.

»Ich hab Sport geschwänzt und war im Perlenladen.«

»Mann, was würd ich dafür geben, dass meine Mom mir auch so einen Brief schreibt«, sagte Drew. Dann wanderte ihr Blick zu Fondas nacktem Handgelenk. »Und wo ist deins?«

Fonda griff in ihre Jeanstasche, holte ein passendes Armband heraus und streifte es über. Ruthie und Drew taten das Gleiche.

»Dann vertragen wir uns wieder?«

»Jepp«, riefen die beiden.

Und dann umarmten sie sich und ließen sich ins Gras fallen, genauso wie auf dem Bild auf Fondas Wunschcollage. Und diesmal würden sie nicht zulassen, dass irgendwas oder irgendwer sie auseinanderriss.

26. KAPITEL

Ruthies Eltern hatten eine Ausnahme von ihrer Anti-Zucker-Regel gemacht und nach dem Abendessen vorgeschlagen, in die Stadt zu schlendern, ein Eis zu essen und sich beim Bummeln die Meeresbrise um die Nase wehen zu lassen. Aber statt die Kunstgalerien zu bewundern oder den Straßenkünstlern zu applaudieren, löffelte Ruthie so langsam wie möglich ihr Zimteis. Denn sobald der Becher im Mülleimer landete, würde etwas Schlimmes passieren. So war das immer.

Bei ihrem letzten abendlichen Eis-Bummel hatte Ruthie erfahren, dass ihr Hund eingeschläfert werden musste. Das Mal davor hatte Grandpa Stu einen Herzinfarkt bekommen. Und *davor* hatten sie ihr mitgeteilt, dass Grummelkatze gestorben war.

»Ist das Armband neu?«, fragte ihre Mom und nahm einen Löffel Mango-Eis.

»Ja, ich hab es gestern nach der Schule von Fonda bekommen.«

»Sieht hübsch aus mit dem Gold.«

»Find ich auch.«

»Dann seid ihr also wieder Freundinnen?«

»Ja«, antwortete Ruthie einsilbig. Obwohl sie auf schlechte Neuigkeiten verzichten konnte, war es wohl besser, es rasch hinter sich zu bringen. Sie bekam schon Blähungen vor lauter Anspannung.

»Und was ist mit Drew?«, fragte ihr Vater.

»Auch.«

Ihre Eltern wechselten einen vielsagenden Blick. Ruthie hielt es nicht mehr aus und warf ihren Becher weg. Es wurde Zeit.

»Rate mal, was passiert ist!«, sagte ihre Mom.

Und los geht's …

»Dein Dad und ich haben von einer fantastischen neuen Schule mit Talent-Sonderförderung gehört. Sie liegt in San Clemente und …«

»San Clemente?«, rief Ruthie. »Mom! Ich will nicht die Schule wechseln!«

»Aber auf der Poplar kannst du nicht bleiben«, sagte ihr Vater.

»Warum nicht?«

»Weil wir glauben, dass die Schule einen schlechten Einfluss auf dich ausübt.«

Ruthie brauchte nicht hochbegabt zu sein, um zu kapieren, was hier vor sich ging. »Aber es war meine Idee, den Test in den Sand zu setzen, das schwöre ich! Fonda und Drew hatten keine Ahnung! Sie hätten garantiert versucht, mir das auszureden, wenn ich ihnen davon erzählt hätte!«

»Das ändert nichts an der Tatsache, dass der normale Unterricht dich nicht ausreichend fordert.«

Da hatte ihre Mutter ausnahmsweise recht. Ruthie hatte erst zwei Tage im normalen Unterricht verbracht und bereits das erste Kapitel von *Die Outsider* auswendig gelernt, nur um nicht einzuschlafen. Wenn Stoff durchgenommen wurde, den sie schon kannte, hatte sie das Gefühl, ihr Hirn würde schmelzen. Aber wenn sie ihre Freundinnen jetzt verlassen müsste, würde es ihr Herz sein, das schmolz. Tränen traten ihr in die Augen. Vielleicht fing sie jetzt schon an zu schmelzen?

»Lasst uns strukturiert an die Sache herangehen«, schlug ihr Vater vor. »Deine Mutter und ich halten den Wechsel nach San Clemente für eine wunderbare Lösung. Trotzdem sind wir offen für Gegenvorschläge. Aber wir werden nicht zulassen, dass du dir deine Zukunft verbaust, nur weil die Schule dich unterfordert.«

»Was, wenn ich es wieder in die TSF schaffe?«

Steven wuschelte ihr durchs Haar. »Dann bist du besser im Verhandeln als ich.«

Ruthie blieb die ganze Nacht wach. Sie wälzte die Jurabücher ihres Vaters auf der Suche nach einem Präzedenzfall,

der zeigte, dass Rheas Entscheidung, sie wegen eines einzigen – wenn auch großen – Fehltritts aus dem Programm zu werfen, rechtswidrig war. Gegen zwei Uhr morgens geriet ihre Entschlossenheit ins Wanken. Ruthie überlegte schon, einen Stein gegen Fondas Fenster zu werfen, um sie zu wecken. Schließlich wollten sie ja *gemeinsam* eine Lösung finden. Doch dann wurde ihr klar, dass Fonda ihr längst geholfen hatte.

Fondas Entschuldigung gestern war ohne Paragrafen und harte Fakten ausgekommen. Sie hatte nicht versucht zu *beweisen*, dass sie eine zweite Chance verdient hatte. Sie war einfach nur aufrichtig und reumütig gewesen. Fonda hatte die Verantwortung für ihr Verhalten übernommen und um Vergebung für ihren Fehler gebeten. Sie hatte nicht den Richter, sondern die Jury angesprochen. Nicht das Hirn, sondern das Herz.

Die nächsten Stunden verbrachte Ruthie damit, an einem Essay für Rhea zu arbeiten. Der Titel lautete *TSF: Titanen sind fehlbar.* Es handelte von Zeus, der seine Mitgötter in den Tartarus verbannte, obwohl diese Strafe extrem grausam und vollkommen überzogen war. Sie schlug vor, die Geschichte der Titanen neu zu schreiben und niemanden zu verbannen, sondern den Titanen die Chance zu geben, ihre Fehler wiedergutzumachen. Weil jeder, egal wie klug er war, das Recht auf Fehler hatte. Wie sonst sollte man lernen, sie wieder auszubügeln?

Piiiiep, piiiiep, piiiiep!

Ruthies Wecker schrillte los. Es war Viertel vor sieben.

Hätte sie geschlafen, wäre es jetzt an der Zeit gewesen aufzustehen. Stattdessen warf sie ihrem Computerbildschirm eine Glücks-Kusshand zu und mailte das Essay an Rhea. Dann duschte sie und checkte ihren Posteingang. Nichts. Sie frühstückte. Nichts. Putzte sich die Zähne. Nichts. Verabschiedete sich von Foxie. Nichts. Trat gegen ihren Schreibtisch. Nichts.

Mit brennenden Augen und pochendem großen Zeh lief sie mit Drew und Fonda zur Schule. Zwischen den Nesties hatte sich etwas verändert. Ruthie hatte ein ganz neues Vertrauen in ihre Freundschaft gewonnen. Sie würden Nesties bleiben, ganz gleich, ob sie die Mittagspause zusammen verbrachten oder nicht. Der Streit oder vielmehr die Versöhnung vermittelten Ruthie ein Gefühl der Sicherheit – das sie dringender brauchte, als ihr bewusst gewesen war. Fonda und Drew würden Ruthie nicht vergessen. Weil sie es gar nicht *wollten*. Ruthie konnte ihrem Herzen *und* ihrem Kopf Nahrung geben und ihre Nesties würden sie dabei unterstützen und sich sogar für sie freuen. Ob es so weit kam, lag allerdings in Rheas Hand. Als es zur ersten Stunde läutete, hatte sie immer noch nicht auf Ruthies Essay reagiert.

Schüchtern suchte Ruthie sich einen Platz im Biosaal und rutschte unruhig auf dem harten Holzstuhl herum. Da steckte Direktorin Bell ihren Kopf durch die Tür, blickte sich suchend um und sagte: »Ruthie, nimm bitte deine Sachen und komm mit.«

Ruthie sprang auf. Der Raum drehte sich. »Ist etwas mit meinen Eltern?«

»Keine Sorge, alles ist in bester Ordnung«, sagte die Direktorin, während sie den menschenleeren Gang entlanghasteten.

»Aber was ist denn dann?«

»Du bist zu spät zum Unterricht.«

»Aber …«

Sie reichte Ruthie einen Zettel, der ihr Zuspätkommen entschuldigte. Neben der Raumnummer standen die Buchstaben TSF. »Na los, beeil dich.«

Ruthie umarmte die Frau, und zwar nicht nur einmal, sondern zweimal, und rannte los.

»Willkommen zu Hause«, sagte Rhea, als Ruthie das Klassenzimmer betrat. Ihr Lächeln war breit und versöhnlich.

Sage grinste Ruthie zu, und Tomoyo und Everest zeigten ihr ein Daumenhoch. Ruthie ging zu ihrem Sitzball und hockte sich drauf, ohne das kleinste bisschen zu wackeln. Sie war wieder an Bord!

»Titanen!«, sagte Rhea in gewichtigem Tonfall. »Man sollte niemanden anhand seiner Fehler beurteilen, sondern anhand dessen, was er tut, um sie wiedergutzumachen. Und jetzt beendet bitte folgenden Satz für mich: Titanen sind …«

Ruthie fuchtelte mit der Hand in der Luft herum. »Fantastisch. Titanen sind fantastisch.«

Rhea lächelte. »Ja, das kann man wohl sagen.«

Der restliche Tag verging wie im Flug, und als Ruthie mit Sage aus ihrem Klassenzimmer kam, warteten Drew und Fonda schon auf sie.

»Wir haben gehört, dass du wieder drin bist!«, jubelte Fonda.

»Glückwunsch«, sagte Drew und reichte ihr einen Dinkel-Muffin. »Ich war in der Cafeteria, aber leider hatte ich nicht genug Geld für einen Cupcake.«

»Willst du echt mit diesen Dummdödeln losziehen?«, fragte Sage.

»Klar, das sind meine besten Freundinnen«, sagte Ruthie stolz.

Sage senkte das Kinn und musterte Drew und Fonda über den schwarzen Rand ihrer Brille hinweg. »Ernsthaft?«

Ruthie schluckte. Sie mochte Sage und war überzeugt, dass aus ihnen beiden richtige Freundinnen werden konnten. Aber sie liebte ihre Nesties und wollte sie auf keinen Fall wieder verlieren. Wenn es Ruthie nicht gelang, diese beiden Welten zusammenzubringen, würde Sage Fonda und Drew weiter für dumm halten und Fonda und Drew würden Sage auf ewig überheblich finden.

»Drew und Fonda sind keine Dummdödel«, sagte Ruthie. »Sie sind die klügsten Leute, die ich kenne. Und du bist auch nicht dumm.«

»Hat irgendwer behauptet, dass ich dumm bin?«

»Jeder, der mitgekriegt hat, wie du andere Leute als Dummdödel bezeichnest.«

226

»Genau«, sagte Fonda. »Das sagen nur Grundschüler.«

»Ich korrigiere«, warf Drew ein. »Eher Kindergarten-kinder.«

Sage wappnete sich für einen verbalen Rundumschlag.

»Hört endlich auf!«, sagte Ruthie. »Keiner hier ist ein …
ein DD. Sonst wäre ich doch gar nicht mit euch befreun-det.«

Sage schnaubte.

»Ich kann es dir beweisen.«

»Jeah, mit einem Buchstabierwettbewerb?«

»Nein, Sage«, sagte Ruthie. »Mit einer Einladung. Lass
uns am Sonntag alle was zusammen machen.« Sie wagte
es nicht, Fonda und Drew in die Augen zu sehen, weil die
beiden sie vermutlich gerade mit Blicken töteten. Aber
Ruthie hatte nicht vor, einen Rückzieher zu machen. Im-merhin war sie eine Titanin. *Und Titanen sind furchtlos!*

»Echt?«, fragte Sage, die eher misstrauisch als erfreut
wirkte.

»Ja, echt.«

»Wie findet ihr Frozen Yoghurt?«, wollte Sage wissen.

»Ganz okay«, erwiderte Drew wachsam.

»Mit Toppings?«, fragte Fonda.

»So viele ihr wollt.«

»Toppings find ich gut«, meinte Fonda vorsichtig.

»Super. Ich hab nämlich einen Geschenkgutschein von
Fresh & Fruity. Den hab ich letztes Jahr zum Geburtstag
bekommen und er läuft bald ab. Und – er reicht genau für
viermal Medium.«

227

»Und warum hast du ihn bisher noch nicht eingelöst?«, fragte Drew etwas freundlicher.

»Weil so was allein keinen Spaß macht.«

Und zum ersten Mal überhaupt waren sie alle einer Meinung.

27. KAPITEL

Als sie auf dem Heimweg waren, schlug Drew spontan ein Rad. Nein, Will hatte ihr immer noch nicht vergeben. Aber das spielte gerade keine Rolle. Sie hatte jetzt zwei andere Gründe, glücklich zu sein. Zwei Gründe, die neben ihr herliefen, über den vergangenen Tag plauderten und dabei mit ihren Perlenarmbändern herumspielten. Manchmal reichte das zum Glücklichsein.

»Seht ihr?«, sagte Ruthie. »Sage ist gar nicht so übel.«

»So wie alle Leute, wenn man sie erst mal besser kennt«, sagte Fonda und ahmte den Tonfall ihrer Mutter nach.

»Außer Will«, sagte Drew zu ihrer eigenen Überraschung. Ihre große Entschuldigung war jetzt drei Tage her, und sie hatte sich eingeredet, sie sei über ihn hinweg. Aber ihre Gefühle für ihn waren wie Rülpser – Blasen, die

in völlig unerwarteten Augenblicken in ihr hochstiegen und einfach rausmussten. Sobald sie draußen waren, fühlte Drew sich besser und konnte da weitermachen, wo sie aufgehört hatte. Es machte sie immer noch ein bisschen nervös, vor ihren Nesties laut zu Will-rülpsen – oder wülpsen, wie ihre Mom gesagt hätte. Aber bisher hatte Fonda Wort gehalten. Sie verurteilte Drew nicht und versuchte auch nicht, ihre Probleme zu lösen. Sie hörte einfach nur zu und zeigte an den richtigen Stellen Mitgefühl.

»Ich kapier nicht, warum er mich mit meiner Entschuldigung so komplett hat abblitzen lassen.«

»Nur noch mal für mich zur Wiederholung«, sagte Fonda. »Du hast dich entschuldigt, und er hat dir das Fenster vor der Nase zugeschlagen?«

»So ziemlich, ja.«

»So ziemlich?«

»Na ja, ich habe nicht die Worte ›Entschuldige bitte‹ verwendet, aber ...«

»Das heißt, du hast dich *nicht* entschuldigt?«, fragte Ruthie.

»Ich finde, zu ihm nach Hause zu fahren, fünfzehn Minuten lang einen Football gegen sein Fenster zu werfen und ihm dann eine Szene aus *The Skateboard Kid* vorzuspielen, zählt als Entschuldigung.«

Ihre Nesties musterten sie zweifelnd.

»O Gott, schaut mal!«, rief Ruthie. Sie zeigte auf einen Jungen, der auf der anderen Straßenseite im Rinnstein lag. Sein Skateboard rollte über den Gehweg davon.

Will!

Und er war verletzt!

Drews Herz hämmerte. Ihre Hände zitterten. Sie musste ihm helfen!

»Ich komme!« Sie sah nach links und rechts, dann schoss sie über die Fontana Avenue.

Doch als sie sich über Will beugte, wedelte er sie weg, als wäre sie eine Stinkesocke. »Geht schon.«

»Sagst du. Aber ich muss ausschließen, dass du dich am Rückgrat verletzt hast. Kannst du mit den Zehen wackeln?«

»Ich hab gesagt, es geht schon«, wiederholte Will und versuchte, sich aufzusetzen. »Ich hab nur einen Kratzer am Rücken.«

»Das schau ich mir genauer an.« Sie kauerte sich hinter ihn und half ihm vorsichtig in eine aufrechte Sitzposition. »Warum hast du keinen Helm auf?«

»Wo? Auf dem Rücken?«

Bei der Vorstellung musste Drew lachen. »Wär vielleicht gar keine so schlechte Idee. Du hast ja öfter mal Unfälle.« Dann redete sie mit ihrer Krankenschwesternstimme weiter: »Würdest du mal dein Shirt hochschieben, damit ich mir die Verletzung genauer ansehen kann?«

»Im Ernst?«

»Im Ernst.«

Will drehte den Arm nach hinten, griff nach dem Saum seines T-Shirts und zuckte zusammen.

»Sieht so aus, als ob dein Arm auch wehtut.«

Er stöhnte auf.

Eine genauere Untersuchung ergab, dass er leichte Abschürfungen am Rücken hatte. Darüber hinaus hatte er vielleicht einen Milliliter Blut verloren, was nicht reichte, um Schwindelgefühle auszulösen oder eine Infusion zu legen. Aber die Wunde musste gereinigt und abgedeckt werden. Doch womit?

Drew suchte in ihrem Rucksack nach einer Serviette oder einem Taschentuch, fand aber nur einen Hefter, ihre getragene Sportuniform, einen Dinkel-Muffin und das Tagetäschchen, das Fonda ihr geschenkt hatte und das sie inzwischen als Federmäppchen benutzte.

Das Tagetäschchen!

»Fonda?«, rief Drew. »Ich brauche dich! Sofort!«

Fonda und Ruthie kamen angerannt, mit hochgekrempelten Ärmeln und voll motiviert.

»Hast du dein Tagetäschchen?«

Unverzüglich begann Fonda, in ihrem Rucksack zu kramen und zog es triumphierend hervor.

»Brauchst du ätherische Öle?«, fragte sie.

»Nein.«

»Reece's Pieces?«

»Ja.« Drew öffnete den Mund, damit Fonda ein paar Bonbons reinwerfen konnte.

»Leute«, sagte Will. »Mir geht's bestens.«

»Sir, entspannen Sie sich«, entgegnete Drew ungerührt. »Sie haben eine Menge Blut verloren. Offenkundig können Sie gerade nicht klar denken.«

»Sir?« Er grinste. »Was geht denn hier ab?«

Drew ignorierte ihn, öffnete das Täschchen und fand darin wie erhofft eine riesige Maxibinde. Sie drückte die saugfähige Seite auf die blutende Stelle an Wills Rücken und die Klebeseite gegen sein Shirt.

»Ich glaube, es geht wirklich wieder«, versicherte Will und stand auf.

»Hast du sie?«, fragte Drew, nahm seinen Arm und führte ihn zu der Stelle, an der die Binde klebte. »Schön festhalten, bis du zu Hause bist.«

»Schon klar«, murmelte er und humpelte zu seinem Brett.

»Will?«, rief Drew.

Er drehte sich um wie ein arthritischer Opa.

»Es tut mir leid«, sagte Drew.

»Was denn?«

»Dass ich gesagt habe, ich würde dich blutend und mit gebrochenen Knochen im Straßengraben liegen lassen. Weil es nicht stimmt. Wie du gerade gesehen hast.«

Sein Strahlelächeln war wieder da. »Jepp, das hab ich. Danke.«

Will nahm nicht ihre Hand, und er lobte sie auch nicht dafür, wie stark sie in Stresssituationen blieb. Aber er sah sie genauso an wie neulich auf Ava R.s Veranda, und das war viel mehr wert. Es bedeutete, dass die Geschichte zwischen Drew und dem Jungen mit der Maxibinde auf dem Rücken noch nicht vorbei war. Dass sie vielleicht sogar gerade erst anfing.

28. KAPITEL

»Moment«, sagte Winfrey. »Er ist echt mit einer Maxi-binde auf dem Rücken durch die Gegend gelaufen?« Sie konnte die Geschichte nicht oft genug hören, genauso wie Amelia. Das war auch der Grund, warum sie an einem Freitagabend mit Fonda, Drew und Ruthie im Wohnzimmer saßen und sich eine Pizza mit ihnen teilten, obwohl sie doch eigentlich Outfits planen, Partys besuchen und Herzen brechen mussten.

»Hey«, sagte Amelia und nahm sich ihr drittes Pizza-stück. »Was sagte die Binde zum Furz?«

»Was?«, fragten die Nesties.

»Du bist der Wind unter meinen Flügeln.«

»Mit welchen Worten hätte Will sich bei dir verabschie-den müssen?«, fragte Winfrey. »Ver-bind-lichsten Dank.«

234

Fonda musste so heftig lachen, dass sie sich fast an einem Stück Pizza verschluckt hätte. »Was wird Wills Mom sagen, wenn Will und Drew eines Tages heiraten?«, fragte sie. »Drum prüfe, wer sich ewig binde-t.«

»Aber nur, wenn Will keine Bind-ungsängste bekommt«, sagte Ruthie.

»Kommt schon, Leute«, warf Drew ein. »Binde hört auf, euch über ihn lustig zu machen.«

Fonda war kurz davor, sich vor Lachen zu übergeben. Aber stattdessen spürte sie, wie sich in ihrer Unterhose plötzlich eine kleine Pfütze bildete.

Es war so weit! Sie bekam tatsächlich endlich ihre Tage!

Sie hatte gehört, dass räumliche Nähe zu jemandem, der menstruierte, die eigene Menstruation anregen konnte. Aber wer hätte ahnen können, dass es genauso viel brachte, über Maxibinden zu reden?

»Bin gleich wieder da!«, verkündete sie und rannte aufs Klo – zum letzten Mal als Mädchen. Wenn sie wiederkam, würde sie eine Frau sein. Reif für Gesichtsbehandlungen bei Katrin, Zimtkekse zum Abendessen und die Geheimnisse ihrer Schwestern. Ihre Mutter würde ihr beibringen, wie man Tampons benutzte, und wenn sie das nächste Mal mit den Avas abhing, konnte sie von echten Menstruationsbeschwerden erzählen!

Sie schaltete das Licht an und schloss die Tür hinter sich ab, dann öffnete sie die Kordel ihrer Jogginghose und hielt kurz inne, um ihre letzten Lebensmomente als Kind

auszukosten. Sie atmete dreimal tief durch. Beim vierten Atemzug zog sie sich die Hose herunter, und …

»Hä?« Tatsächlich war da ein kleiner Fleck in ihrer Unterhose. Aber er war nicht rot, sondern hellgelb. *Wie kann das sein?*

Offenbar hatte sie kein Blut verloren, sondern ein bisschen Freudenpipi. Das passierte Fonda manchmal, wenn sie ganz besonders heftig lachen musste.

Wäre der falsche Alarm vor einem Monat, einer Woche oder auch nur vor ein paar Tagen passiert, wäre Fonda sauer auf ihren Körper gewesen, weil er sich so viel Zeit damit ließ, dem Club der Erwachsenen beizutreten. Heute aber wusch sie sich einfach die Hände und zupfte ihre Locken zurecht.

Als ihre Nesties am nächsten Morgen nach Hause gegangen waren, holte Fonda die Wunschcollage unter ihrem Bett hervor und riss eins nach dem anderen die Bilder ab. Die stylishen Looks, den roten Kreis, die Poplar Middle und sogar den Spruch aus dem Glückskeks, den sie obendrüber geklebt hatte.

Nur ein einziges Bild behielt sie. Es war das, auf dem sie mit Drew und Ruthie lachend im Gras lag. Weil es das einzige war, das zählte.

Punkt.

Erscheint am
25.01.2022

**Lisi Harrison
Girl Stuff – Mädchen
gewinnen gegen Jungs**
€ 12,00, Klappenbroschur
ISBN 978-3-505-14433-2
Ab 12 Jahren

Beste Freundinnen schaffen alles!

Als es um den großen Sommerausflug der Schule geht, wissen die Freundinnen Drew, Ruthie und Fonda schnell, wohin sie wollen: nach Catalina Island. Zu dumm, dass die Jungs sich aufs Camp Pendleton eingeschossen haben. Die Schüler sollen in zwei Wochen abstimmen. Genug Zeit für die Freundinnen, die wichtigsten Cliquen zu überzeugen. Denn wenn es Mädchen gegen Jungs heißt, kämpfen sie mit allem, was sie haben! Nur eine Kleinigkeit vergessen die drei: Wer seine Freunde behalten will, sollte ihnen nicht das Blaue vom Himmel versprechen!

Kinder lieben Schneiderbücher!

www.schneiderbuch.de